田尻由貴子［著］

シリーズ・福祉と医療の現場から 1

はい。赤ちゃん相談室、田尻です。

こうのとりのゆりかご・24時間SOS赤ちゃん電話相談室の現場

WELFARE AND MEDICAL

ミネルヴァ書房

はじめに

　みなさんは覚えていらっしゃるでしょうか。二〇〇七年、熊本県のある病院がはじめた取り組み「赤ちゃんポスト」のことを。

二〇〇六年ごろ、赤ちゃんを捨てるとか、赤ちゃんを虐待して死なせてしまうといった事件が、新聞やテレビをにぎわせていました。そうしたなかで、赤ちゃんを助けるためにはじめられたのが、熊本県の慈恵《じけい》病院による赤ちゃんポスト「こうのとりのゆりかご」です。親が育てられない赤ちゃんを受け入れるこの取り組みが、「安易な子捨てにつながる」「将来、預けられた赤ちゃんがその事実を知ったらどうなるのか」などさまざまな議論をよび、賛否が分かれました。

　しかし、その後はしだいに騒がれなくなっていきました。それには理由がありました。預けられた子どもたちのプライバシーは、絶対に守られなければなりません。

そのことが、マスコミの方々にとって、報道やドキュメンタリーとして伝えるうえでの難題として立ちはだかったのです。

そこで考えだされたのが、実話をもとにしながらも、ドラマというフィクションの力を借りることでした。

こうして二〇一三年十一月、文化庁芸術祭参加の特別番組として、テレビドラマ『こうのとりのゆりかご』がつくられました。

制作スタッフのみなさんは、ゆりかごの設置から六年の間に起こったことを丁寧に取材しました。登場人物のなかには、赤ちゃんを預けた人と、その赤ちゃんが出てきます。赤ちゃんはどんどん成長していき、子ども時代を過ごします。このドラマは、個人を全く特定できないように配慮を重ねたうえで構成されました。

そうしてできたドラマの内容は、次のようなものでした。

二〇〇七年五月。熊本市内の私立病院・聖母子病院の壁面に設けられた小さな扉の前に、大勢の報道陣が集まっていた。〝こうのとりのゆりかご〟——そ

「赤ちゃんポスト」の取り組みがスタートした当時の新聞や雑誌の記事。

う名付けられた。匿名で赤ちゃんを預けることができる施設、いわゆる〝赤ちゃんポスト〟の運営がこの日、開始されたのだ。

遡ること半年。熊本県内で相次ぐ嬰児遺棄事件に心を痛めていた看護部長の安田裕美子（薬師丸ひろ子）と理事長の速水啓二（綿引勝彦）は、事情があって子育て出来ない親が匿名で赤ちゃんを預けられる施設を作ることを決意した。しかし、その前例のない取り組みに警察や市は難色を示し、マスコミや世間からも安易な子捨てを助長するとの批判が相次いだ。それでも裕美子らは、妊娠を誰にも相談できず放置する親や、子を育てる気のない親によって赤ちゃんが危険にさらされる前に、「とにかく命を救いたい」――その思いを前向きに、根気強く訴え続けた。その甲斐あって市長の片山幸文（佐々木蔵之介）の了承を得て、ようやく実現にこぎつけたのだった。

運営が開始されるとゆりかごには、年齢も抱える事情も様々な母親が全国から赤ちゃんを預けにやってきた。……略……（TBSホームページより）

このドラマの主人公、安田裕美子《やすだゆみこ》（薬師丸《やくしまる》ひろ子《こ》）のモデルが、この本の筆者である私、田尻由貴子《たじりゆきこ》です。そして聖母《せいぼ》子病院とは、熊本県の慈恵病院です。

私は、看護師、助産師、保健師として四十五年間働いてきました。その最後の八年間を、慈恵病院の看護部長として、二〇〇七年に設置された「こうのとりのゆりかご」にかかわってきました。薬師丸ひろ子さんが演じてくださったのは、そのころの私です。

ドラマの話が舞いこんできたとき、病院長はじめスタッフ全員はとても悩みました。守らなければならないプライバシーは、預けた側の人たちだけでなく、預けられた側の私たちにもあります。赤ちゃんを絶対に特定できないようにするためにも、関係者の情報は秘密にされなければなりません。

しかし、「こうのとりのゆりかご」の取り組みは、非常に多くの問題と関連しています。現在の日本が抱える大きな社会問題であるともいえます。時間の経過とともにその取り組みが忘れ去られようとしている今、「こうのとりのゆりかご」の存在をより多くの人に知っていただきたい。そして、「こうのとりのゆりかご」の運用がはじまったときにはまだおさなくて、おそらく記憶に残っていないであろう中学生や高校生の人たちに、ぜひこの存在を伝えたい。なぜなら彼女ら、彼らは、近い将来、妊娠や出産にかかわるのですから。

そう考えてみたとき、悩みもいつしか消えさり、ドラマのスタッフにできる限りの協力をさせていただこうと、病院側の意見がまとまりました。

ドラマの放送から二年以上が経過し、今回、ミネルヴァ書房から執筆のお話をいただきました。とてもありがたいことだと感じ、ぜひとも書いてみたいと思いました。

私は、二〇一五年三月に慈恵病院を退職しました。現在は、生涯学習支援事業事務所として各種事業を展開している一般社団法人スタディライフ熊本での「ハートto《トゥー》ハート」の事業にかかわっています。妊娠・子育てに悩む人たちへ二十四時間フリーダイヤルで相談に応じる窓口を開設し、相談窓口の普及活動に取り組んでいるほか、命に関する講演などをおこなっているのです。

また、あたたかく愛情のある家庭で育つことができるように、特別養子縁組の普

慈恵病院で看護部長を務めていたころの筆者。「こうのとりのゆりかご」の対応や講演会などに、はば広く活動した。

及をめざす「ハッピーゆりかごプロジェクト」という活動のなかで、全国妊娠SOSネットワークを立ちあげ、講師として相談員の研修などをおこなっています。

慈恵病院の壁面の小さな扉に「こうのとりのゆりかご」が設けられた二〇〇七年五月ごろと現在とで、実態は変化しているでしょうか。運用開始から二〇一四年度までの約八年間で、実際に「こうのとりのゆりかご」に預けられた子は、百十二名です（↓80ページ）。最近になって、その数は減ってきました。ところが、それに反比例するように、妊娠や子育てに悩む女性からの相談件数はどんどん増えています（↓88ページ）。

先のTBSのドラマにも登場しているように、ある身ごもった未成年の娘さんが、毎日顔を合わせていたにもかかわらず、忙しいシングルマザーの母親に相談できずに一人で出産し、赤ちゃんを「こうのとりのゆりかご」へ連れてきています。ほかにも、「こうのとりのゆりかご」がなかったら、胎児や赤ちゃんの生命に危険がおよんでいたのではないかというケースをたくさん経験してきました。相談者のなかには十代の人も多く、もっとも幼い妊婦さんは、小学五年生でした。

ところで、前出のドラマを見た方が、インターネット上に次のような書き込みをしていらっしゃいましたので、一部をご紹介します。

ドラマに登場したさまざまな家族の姿を見て、このような素晴らしい取り組みに対し、行政の力はもちろんのこと、もっともっと多くの協力と理解が得られるよう、そして全国にも普及するよう願わずにはいられませんでした。

一視聴者でしかないけれど、この「こうのとりのゆりかご」を創り上げ、今なおより良い答えを模索しておられる方々に、一言お礼がいいたい気持ちでいっぱいになってしまいました。時の首相でさえ懐疑的な発言をしたなか、よくぞあそこで踏み切って、たくさんの命を救ってくれた――その勇気と熱意に敬服です。こうしてドラマにしてくれたテレビ局さんにも感謝したいです。

ドラマはとても丁寧《ていねい》に製作していただき、視聴者の方々から温かい反響が届きました。報道やドキュメンタリーとして伝えにくいことを、フィクションの力を借りて世間に訴えたことの意義は、非常に大きいと思います。今度は私が、本のかたちで、ドラマでは伝えきれなかった深刻な状況について、さまざまな資料を示しながらお話ししていきたいと思います。

読者のみなさんには、児童虐待の相談件数が二〇一四年までの十五年間で約八倍になったこと（↓85ページ）など、資料から知っていただきたいことがたくさんあります。

妊娠・子育てに悩む多くの人たちにとって、また、その周辺の人たちにとって、悩みが生じる理由は、医療・福祉行政の問題ともかかわっているはずです。テレビとは違う、本というかたちの強みを最大限に生かして、医療や福祉行政に関連する専門用語やキーワードの解説も巻末に載せています。

この本が、実際に悩みを抱える人だけでなく、その周辺の人たちにも、これから社会人として成長していくあなたにも、「かけがえのない生命」について考えていただける一冊になれば、大変うれしく思います。

田尻　由貴子

はい。赤ちゃん相談室、田尻です。

もくじ

はじめに　1

第一章　家族がいることのよろこび　17

産めよ育てよの時代　18
看護婦への道のスタート　22
若きドクターとの出会い　26
結婚そして子育てしながらの勤務　31
公務員の保健婦として大活躍　33
菊水町立病院の総婦長に就任　36
仕事をしながら大学の単位を取得　41
再び慈恵病院に戻って　44

児童養護施設シオン園での経験から……49

第二章　「こうのとりのゆりかご」の誕生……55

ベビークラッペ——ドイツの赤ちゃんポスト……56
ドイツの妊婦支援の現状と胎児の人権……64
「こうのとりのゆりかご」の構想から設置まで……66
最初に預けられた命……70
「こうのとりのゆりかご」論争……71

第三章　「こうのとりのゆりかご」の仕組み……75
「こうのとりのゆりかご」の扉……76
「こうのとりのゆりかご」の利用件数……80
八年間で救えた百十二人の赤ちゃんたちは？……82
児童虐待の増加と「こうのとりのゆりかご」……84
第四章　「SOS電話」が受けとめる！……87
預けられる赤ちゃんは減ったけれど……88
「SOS電話」の相談内容……90
緊急の相談も……107
妊娠相談の重要性……108

二十四時間フリーダイヤルが理想……110
相談者には若い人が多い……111
相談者は中学生から……112
相談内容で多いのは？……113
機能していない相談窓口もある！……115
児童虐待に関する電話相談……117
電話相談が急増する背景……119
第五章　すべての子どもたちに幸福を……121
児童憲章はあるけれど……122
児童養護施設出身者に支援の手を……129

第六章　「命のバトン」をつなぐ……133
私の考える「命のバトン」とは……134
一対一でふれあう大切さ……136
尊い命を大切にしたい……139
「こうのとりのゆりかご」のいらない社会へ……142
あとがきにかえて——現在の思い……146
資料編　用語・キーワード解説……149
さくいん……172
編集後記……174

第一章　家族がいることのよろこび

産めよ育てよの時代

私は一九五〇年、熊本県の小さな田舎町に生まれました。第二次世界大戦が終わってからわずか五年、そんなころですから、豊かさのかけらはこれっぽっちも感じることができませんでした。

五人きょうだいの末っ子で、いちばん上の姉とは十五歳もはなれています。当時、そのような家庭は、ごくごくあたりまえでした。なぜなら、日本じゅうが産めよ育てよで、これからの日本を背負って立つ子どもたちを増やしていた時代だったからです。

父は、私が物心ついたころは自転車屋をしていました。そのころの自転車屋というと、今のようにかっこいい自転車を販売するのではなく、使い古しの自転車の修理がおもな仕事でした。そんなこまかい仕事をしていたのに、父の片目は義眼だったのです。

片目では距離感がつかみにくく、ボルトを締めようとして工具のあてどころに難儀する姿は、今でもはっきり覚えています。

「お父さんの目、どうして違うの？」

「戦前に炭鉱で働いていたとき、ダイナマイトにやられたんだよ」

父はそっけなく答えていましたが、悲惨な事故だったと、母から聞かされたことがあります。

1963年、父と近所の子と筆者（一番上）。

さらに悪いことに、見えるほうの目の視力も次第に衰えていきました。それでも父は毎日、パンクしたタイヤの修理やら効かなくなったブレーキの修理やらで、身を粉にして働いていました。

私が小学四年生のときでした。父はとうとう両目の視力を失ってしまったのです。タイヤのチューブを水に入れると、穴のあいたところから、空気の泡がプクプク上がってきますが、そのようすもわからなくなってしまいました。

父がなんとか自転車の修理をやっていたころには、母は今でいうところの専業主婦でした。当時、女性が外で働くなどふつうではありませんでしたし、まして田舎のことです。母は、生活の助けにと、家で得意の編み物や裁縫を教えようとしました。でも、趣味で習おうとする人など、ほとんどいなかったようです。生活が苦しくなってくると、母は野菜の行商をするようになっていました。

「野菜いかがですか〜」と、大きな声をあげながら路地をねり歩く母と一緒に、私も声をあげて歩いたものです。

今、思い返しても本当にたいへんな暮らしぶりだったと思います。ですが、そのころ、自分たちが貧しいとか、まして不幸せだなどとは、不思議と感じませんでした。私にとっては、野菜を売り歩く母と一緒にいるだけでうれしかったのです。

まわりも貧しく、社会全体が貧しかったからかもしれません。ギリギリの生活も当たり前だったのでしょう。それどころか私は、当時自分はとても幸せだった（今風にいえば「ラッキー」だった）と感じていました。

それは、私の出生の秘話にあります。母は、私が生まれる五年ほど前に、フィラリア症という病気にかかっていたのです。フィラリア症は蚊が媒介する寄生虫による病気で、感染するとリンパ管炎、リンパ節炎が引き起こされる怖い病気です。母も熱による発作をくりかえし、深刻な病状だったと聞いています。

私が生まれたことは、おおげさにいえば、奇跡のようだったといえます。上のきょうだいを含め、まわりの大人たちから、ことあるごとにそういわれながら私は育ちました。そんな奇跡の誕生物語は、私に強さを与えてくれたようです。

中学生時代になると、上のきょうだいたちが働きだして父母を助けるようになり、少しは家計もらくになっていきましたが、まだまだ生活は苦しいさなかにありました。それでも、家庭はあたたかく、家族の一人ひとりが、家族であることのよろこびを感じていたように思います。

看護婦への道のスタート

中学を卒業すると、准看護学校に進学しました。熊本県熊本市西区にある慈恵病院が運営する全寮制の学校です。将来、准看護婦になる女性を育成するところでした。その学校に行ったいちばんの理由は、学費を含めて全てが無料だったからです。

慈恵病院は、マリアの宣教者フランシスコ修道会が設置し、運営するキリスト教（カトリック）系の病院で、一八九八年に、カトリック宣教師のＪ・Ｍ・コール神父と五名のシスターにより、施療院としてつくられました（くわしくは45ページからに記す）。一九五二年に、社会福祉法人聖母会、琵琶崎聖母《びわさきせいぼ》慈恵病院となり、一九七八年には、社会福祉法人から医療法人へ経営のかたちを移し、医療法人聖粒《せいりゅう》会慈恵病院となりました。

その准看護学校は、希望者には、通信制の高校に行くことを勧めていました。私はもちろん通信教育を希望しました。昼間は看護の実習、夜は自習でレポートの準備などをするきびしい生活が続きましたが、勉強できることは、うれしくてたまり

シスター（中央）や先輩とともに患者さんのために祈った修道院の教会の前で（左端が筆者）。

ませんでした。学ぶことがよろこびでした。かなり貪欲に勉強したと思います。

そのころの寮生活は、シスターに支えられていました。

「シスター」とは、キリスト教において修道誓願を立て禁欲的な信仰生活をする人で、男性の場合は「修道士（ブラザー）」、女性の場合は「修道女（シスター）」といいます。一般にシスターは、学校や病院、社会福祉施設などで働いています。

慈恵病院には、昼夜を問わず病気の方々に寄り添って忙しく働くシスターのみなさんがいらっしゃいました。私たち看護学校の生徒に対しても献身的に接してくださり、私たちが社会に出てから恥ずかしい思いをしないように、教養をきちんと身につけさせたいという願いを共通してもっていらっしゃったと思います。

そのためでしょうか。寮内では週に一回、夜に英語と国語の補習授業がありました。シスター自らが、私たちのために補習授業をしてくださったのです。まるで家庭教師に教わっているようで、うれしかったことを覚えています。

准看護学校を卒業した私は、当時、鹿児島県の指宿《いぶすき》にあった国立高等看護専門学校に進学しました。二年間学んで正看護婦の資格を取るためでした。そこも全寮制で、授業料を含めて全て無料でした。

そのころには両親も年をとり、生活費をかせげる状況ではなくなっていました。生活を支えていたのは、上のきょうだいたちです。

私はというと、准看護学生だったころから、夏休みや冬休みなどに働いて、家計をほんの少し助けていました。鹿児島時代も、お金がないことには変わりありませんでしたが、まったく苦になりませんでした。それでも、上のきょうだいたちからたまにお小遣《こづか》いをもらえたときには、心底うれしかったです。

高等看護専門学校を卒業したのち、熊本県立公衆衛生看護学院で学びました。新しくできた学校です。月謝はたしか三千円だったように思います。

慈恵病院は、准看護学校を卒業してからさらに勉強を続ける人に対し、一万円の奨学金を出してくださいました。私はその奨学金を受けていましたので、月謝を払っても、なんとか自分の生活ができました。

私たちは、その学院の一期生として、一年間で保健婦と助産婦の資格を取る勉強をしました。同期生はみんなパイオニア精神が旺盛で、非常に意欲的な仲間たちでした。そのため、勉強好きを自負する私でも、そこでの勉強は本当にたいへんでした。特に助産婦の実習は、実際のお産に立ち会わなければなりません。しかも十回にもおよぶのです。この一年間は夏休みもなく、勉強にはげむ毎日でした。

なんとか単位を取り、学院を卒業したときには、私は二十二歳になっていました。ここまでに取得した資格は、准看護婦と、正看護婦、保健婦と助産婦です。

＊この本では、現在の看護師ほかの名称は、当時のことについて記述している場合は旧名称のまま（看護婦ほか）にしてあります。

若きドクターとの出会い

熊本県熊本市にある田原坂《たばるざか》公園あたりは、一八七七年におこった西南戦争の激戦地です。今では四季の花々が咲きほこる美しい公園で、桜の季節は地元の人々のお花見の宴や、秋には紅葉散歩で憩《いこ》いの場になっています。そこに、この町出身の国

西南戦争の激戦の跡を今に伝える田原坂《たばるざか》公園。

文学者、蓮田善明《はすだぜんめい》氏（一九〇四〜一九四五年、代表作は『鷗外《おうがい》の方法』『花のひもとき』など）の歌碑があります。

ふるさとの駅におりたち
眺めたる
かの薄紅葉
忘られなくに

「こうのとりのゆりかご」を創設した蓮《はす》田太二《だたいじ》先生は、その作者のご子息にあたる方です。

私が蓮田先生にはじめてお会いしたのは、就職前の看護学院の夏休み、慈恵病院で研修させていただいたときでした。正看護婦、保健婦と助産婦の資格を得た私は、中学を卒業して慈恵病院の准看護学校に入学し、その後奨学金も受けていたご縁で、一九七三年に当病院に就職することが決まっていました。

そのとき蓮田先生は、熊本大学医学部を卒業後、東大病院でのインターンの最中で、一年間の予定で地元熊本の慈恵病院に派遣されていたのです。

ふつうなら蓮田先生は、インターンを終了したのち、東京に戻って から進路を決めるはずでした。ところが、先生は東京に戻りませんでした。慈恵病院のシスターたちの献身的な看護を目の当たりにして、そのまま慈恵病院の先生になることを決めたと聞いています。

蓮田先生の産婦人科のドクターとしての活躍がはじまりました。ところがその当時、産婦人科のドクターは蓮田先生だけで、助産婦は、新米の私も含めて五人しかいませんでした。

お産全般は助産婦の役目ですが、いよいよ生まれるという時に立ち会うのがドクターです。ですから、蓮田先生は、昼夜を問わず大忙しでした。ベテランの助産婦に囲まれ、いちばん未熟者の私は、多忙な先生をお呼びするタイミングさえわからないでいました。

毎日がめまぐるしく過ぎていくなか、蓮田先生のもとで、先輩の助産婦さんたちに助けられながら、私はなんとか助産婦としての腕を磨かせていただきました。

蓮田先生から学んだのは、技術だけではありません。言葉遣いについても、たいへんきびしく指導されました。

出産後まもないお母さんが、病院の食事に嫌いなものがあって、食べ残しをしたときのことです。そのお皿を見た私が、「ちゃんと食べなければだめじゃない」といったのを蓮田先生に聞かれ、あとで注意を受けたのです。

「患者さんにはやさしく接してください。それは、シスターの精神でもあるのです。言葉遣いが大切なのはいうまでもありません。どうして残してはいけないのか、母体にとっての栄養バランスの大切さをやさしく話してあげてください。」

そのとき私は、准看護学校で学んでいたときのことを思い出しました。シスターのみなさんはどなたも、だれに対してもとてもやさしい言葉で接していらっしゃいました。私たち生徒に補習授業をしてくださるときもそうでした。

蓮田先生よりも長くシスターのみなさんのおこないを見てきたにもかかわらず、私はその大切な教えを身につけていなかったのです。とても恥ずかしく思いました。蓮田先生はシスターのみなさんのすばらしさを理解し、それを思い出させるように私に注意してくださったのでした。

慈恵病院の看護婦をしていた当時の筆者。

結婚そして子育てしながらの勤務

蓮田先生のもとで、私は多くの妊婦さんと新しい命の誕生に出会い、助産婦としての経験を積ませていただきました。生まれてこようとする命と、誕生した命にたずさわっている仕事のよろこびは、まだ新米の私には、言葉にできないほど、とてもやりがいのある楽しい日々でした。そんななかで、今にして思えば私の人生においてかけがえのない患者さんとの出会いがありました。

ある患者さんはご高齢で、入退院をくりかえされていました。入院の際は「また来たよ」といって、必ず私を指名されたのです。どう見てもまだ新米の私の、どこを気に入られたのでしょうか。私はうれしくて、一所懸命にその患者さんのお世話をしました。食事の好みを考えて食べやすいように取り分けたり、話し相手になったり。私の手はあたたかいので、手足をさすってさしあげると、「気持ちいいね……ありがとう」と、とても優しい笑顔を向けてくださいました。娘さんも頻繁《ひんぱん》にお見舞いに見えていて、そんなときは会話が弾みました。

しかし、出会いがあれば、別れもあります。五年ほどの入退院の末、お亡くなりになったのです。

悲しい気持ちで、最後のお別れをしに、ご遺体が安置されている聖堂にお参りに行きました。そこにはいつもお見舞いに見えていた娘さんと、背の高い男性がいらっしゃいました。患者さんの息子さんでした。めぐりあわせとは不思議なものです。のちに私の主人となる人との出会いでした。

じつは私は鼻の高い人が好き。鼻筋が通り、体が大きくて、精悍《せいかん》な感じの息子さんはとても素敵でした。お姉さんである娘さんのすすめもあって交際をはじめ、まもなく結婚へと進んでいきました。

結婚してすぐに長男が誕生しました。私には子育てを頼れる人が近くにはいませんでしたので、主人だけが頼りでした。主人は惜しまず、家事と子育てに協力してくれました。それでも、助産婦の仕事と子育て・家事との両立はかなりたいへんでした。仕事に出れば、助産婦には休みなど関係なかったからです。助産婦が、自分の子に授乳していようがオムツをかえていようが、生まれてくる新しい命はおかまいなし。早く生まれたいと、妊婦さんをせかします。妊婦さんも不安でいっぱいなので、何かあるとすぐに私たちをよびます。

一人でも多くの手が必要な忙しさでしたが、私は蓮田先生のご配慮で、夜間勤務を免除していただきながら勤務していました。スタッフのみなさんの心配りもたいへんありがたかったです。

公務員の保健婦として大活躍

助産婦の仕事と子育ての両立に悩んでいなかったといえば嘘《うそ》になります。ちょうどそういった時期に、玉名《たまな》郡の菊水町《きくすいまち》で保健婦の募集がありました。菊水町の町長は、医師でもあり、その視点から、町民の健康増進の目的で、熊本県下で二番目の健康管理センターを新設したのです（二〇〇六年に菊水町と三加和町《みかわまち》との合併で和《なご》水町《みまち》が誕生し、和水町健康管理センターに改名）。

私は、そのころ、慈恵病院のシスターにいろいろなことを相談させていただいていました。シスターは、私の状況を考えて、アドバイスをくださいました。私はシスターに背中を押されるかたちで、菊水町の保健婦募集の面接に一歳四か月の長男を抱えて行ったのです。

新設の施設ですから、町長の意欲も半端なものではありません。業務内容について詳しく話を聞けば聞くほど、その業務の多さ、そしてたいへんさが想像できました。

私は面接で、「保健婦の仕事は、ぜひともやってみたいです。でも、この子を保育園に預けないと思いっきり働けません。それに時間内にお迎えに行かなくてはなりません」などと、正直な話をさせていただきました。

すると町長は、「それでは、保育園の預かり時間を延長できるようにしましょう。思いっきりやってください」と、おっしゃったのです。

その言葉どおり、当時の菊水町ではそれまで十七時だった保育園の預かり時間が延長されました。私自身はもちろんですが、お子さんを保育園に預けている町の方々も、少なからず楽になったのではないでしょうか。

菊水町健康管理センターは、現在、和水町健康管理センターとなっている。

こうして、三年半お世話になった慈恵病院を退職して、こののち二十四年間におよぶ菊水町の公務員としての仕事をスタートしました。

町長は、保健婦の仕事に対し、非常に大きな期待をされていました。私は、そうした町長をはじめ、保健婦に期待を寄せてくださる町の関係者の方々、そしてもちろん保健婦を必要としている方々のために、母子訪問、赤ちゃん健診（乳幼児健康診査）、寝たきりの患者さんへの訪問、高血圧教室、貧血教室、婦人会を対象にした栄養教室など、さまざまなことを企画し、積極的に活動させていただきました。仕事を通して町民のみなさんの顔が見えるようになることもとても楽しく、かかわりが濃くなる方も多くなってきました。

そんなときでした。仲良くなったある方が、町長に、こうおっしゃいました。

「町長、田尻さんに仕事をまかせすぎです。あんなに働いていたら、倒れてしまいますよ」

私がオーバーワークではないかと、町民のみなさんから声が上がったのです。そんなこともあって、その後、菊水町では保健婦が増えることになりました。

菊水町立病院の総婦長に就任

そんなふうに保健婦の仕事にやりがいを感じていた日々でしたが、ある日突然、私に菊水町立病院の総婦長への異動の話がきました。四十歳の時です。

私にとっては、思いがけない総婦長の話。正直、病院での看護婦勤めを十四年も離れている私には、いきなり総婦長の仕事につける自信はありませんでした。

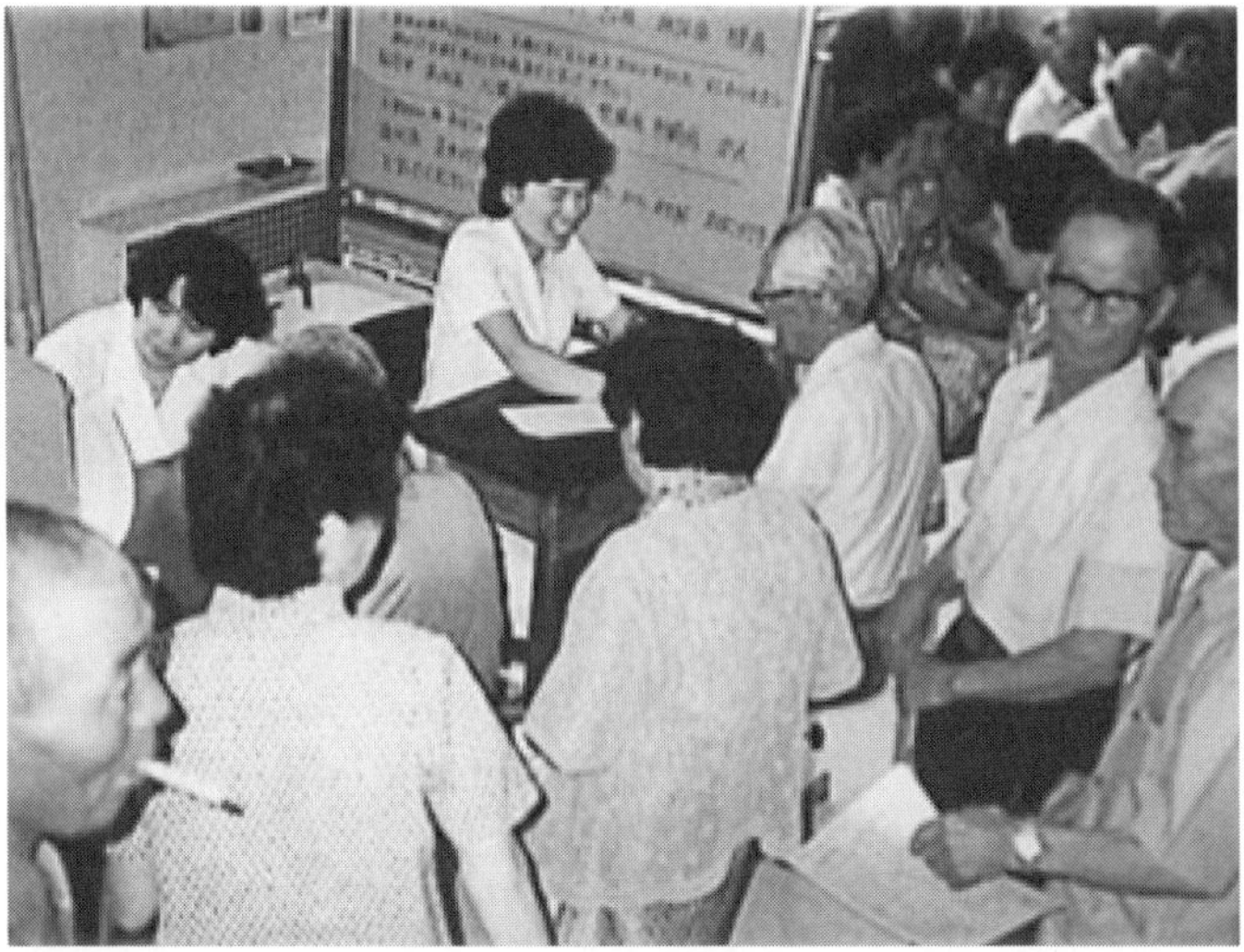

保健婦時代の筆者。1985 年の健康診査のようす。

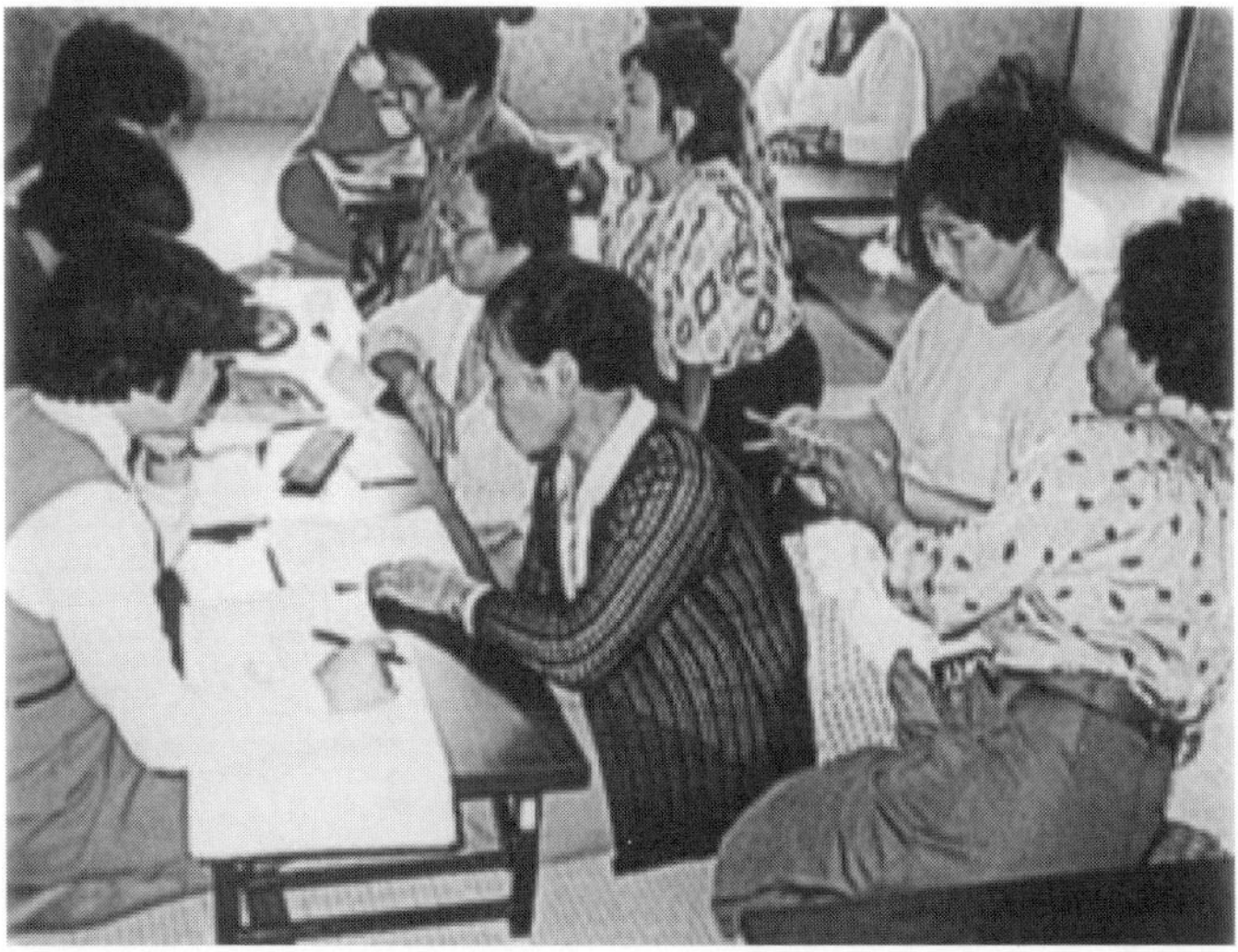

住民に向けて開いた貧血教室。

ですが、こんなチャンスは、そうあるものではありません。それに、総婦長となれば、患者さんに対しあらゆる角度から寄り添うことができるような気がして、非常に魅力的なお話でした。

私はそのとき、すでに三人の子どもの母親になっていました。

「お母さん、仕事ばかりで、あなたたちの話をゆっくり聞く時間もなくて、本当にごめんね」

「だって、お母さんは菊水町のみんなのために働いているんでしょ。私、お母さんのこと自慢だよ」

こんな会話が私をはげましてくれました。これまで仕事に専念できたのも、子どもたちの自立心、近所のお母さんたち、延長保育に支えられてのことです。夫の理解も大きかったと思います。

「お母さん、総婦長の仕事、やってみるわ」

私は、一年間は前総婦長のもとで仕事を把握する時間が欲しいと、願い出ました。

すると、前任の総婦長をはじめ、関係者のみなさんからも快諾を得ることができたのです。

当時の菊水町立病院は、内科、外科、小児科、産婦人科、整形外科があり、ベッド数が百二十床の総合病院でした。私は、三か月ほどかけて、すべての病棟で経験をつみました。

夜勤もして、その病院ではどのような業務がおこなわれているのか、自分なりに確認しました。スタッフと同じ目線に立たないと、現状を把握できないという思いからでした。現場をしっかり自分の目で見たつもりです。

一方で、その間、それまでの保健婦の仕事の引き継ぎもしっかりしなければなりませんでした。

一年間の見習い総婦長を経験したのち、新米総婦長としてスタートしました。ちょうどそのころ厚生省（現在の厚生労働省）で「訪問看護実践モデル事業」というプロジェクトがはじまりました。それは、二〇〇〇年四月にスタートした介護保険制度のベースになったものといわれています。

介護保険制度は、「高齢者が住み慣れた地域で安心して自分らしい生活を過ごすことのできる社会」をテーマに、厚生省の各分科会が議論を重ねて誕生した社会保険制度です。高齢者人口の増大と、それに比例したうなぎ上りの医療費、一方その陰では、「社会的入院」が問題視されていました。

社会的入院というのは、すでに入院の必要性が薄いにもかかわらず、患者や家族の生活上の都合により退院できないでいる状況をさした言葉です。自宅に帰っても面倒を見てくれる人がいない、あるいは家族が拒否する場合もあります。

一人住まいのお年寄りが退院した場合、どのような援助があればいいのか？ 自宅に医師が訪問する場合に、どのような医療支援が可能か？ そのためには、どのような職種の人びととの連携が必要になるか？ 医療費の削減はどの程度可能になるのか？ プロジェクトがはじまるとすぐ、私にも問題点が見えてきました。菊水町立病院も、問題点を見出し、対応策を提案することなどに一役買いました。

プロジェクトに参加したのは、全国で十七か所、九州では菊水町立病院だけでした。そのことが病院の職員たちのプロ意識に火をつけ、みんなのやる気を高めていたようです。

ただ、非常にたいへんだったことはまちがいありません。私だけでなく、病院関係者全員に、通常の業務外にやらなければならないことがなだれこんできたわけですから。それでも職員たちは、忙しさに不平不満をもらすことなく、新米総婦長をもり立ててくれました。

病院では、訪問看護婦の教育から多岐にわたるケーススタディまで二年間このプロジェクトを実施し、厚生省に対し、詳細なレポートを提出しました。結果、それが大きな評価を得て、二千万円の補助金をいただくことができました。みんなの努力が認められたのです。ひとつ大きな仕事をやりきったという充実感と連帯感が院内に生まれました。

私はとてもよい時期に総婦長をさせていただけたと思っています。

仕事をしながら大学の単位を取得

そのころ私のなかでは、新たに「学びたい・学ばなければならない」という気持ちがふつふつとわいてきていました。いったい何を?

それは福祉と福祉行政全般についてです。ますます少子高齢化が進む日本にとって、保健・医療・福祉の一元化が理想ではないかと私は考えていました。そこで、佛教《ぶっきょう》大学(京都市)の通信教育課程で社会福祉学を受講することにしたのです。

一九五三年にスタートしたこの通信教育は、大学通信教育設置基準に基づく正規の課程として、関西ではじめて設置されたものです。「いつでも、どこでも、だれでも」を合言葉に、生涯学習の場を提供していました。私が学んだ社会福祉課程は「生老病死に関する諸問題に対応できる人材の育成と豊かな人間性、確固たる倫理観と感謝の精神」を教育の理念にかかげていました。これまでの私の生き方と通じるものがあり、学びたいという思いがいっそう強くなりました。

そこでは、スクーリング(教室で教員と直接対面して授業を受けること)を含めて合計百二十四単位以上を六年間で取得しなければなりませんでした。私は、熊本から京都まで通うことが難しく、最低限のスクーリングしか受けられなかったため、そのぶん、より多くの教科を履修《りしゅう》して補う必要がありました。それでも、入学手続きが完了して、たくさんの書物や学校案内のパンフレットの入った箱が届いたとき、期待感で胸がいっぱいになり、うれしくてたまりませんでした。また私の「勉強の虫」が騒ぎはじめたのです。なんといっても、新しい本の匂いは、私にとって最高のカンフル剤でした。

私は、四年間でどうにか百二十四単位を取得して卒業できました。でもあとで聞いたことですが、実際に四年間で卒業できる人は、一五％ほどだったそうです。総婦長の仕事をこなしながら、パソコンもない時代に、手書きの論文とも格闘して、よく卒業できたと、今にしてつくづく思います。そして、無事に社会福祉士の受験資格を取得できました。

その後、菊水町立病院では、介護保険制度のもとで介護病棟の新設、訪問看護の充実、在宅介護支援センターの開設などをおこないました。介護保険の導入に伴い看護婦の意識改革も必要になり、ケアプランの立て方の教育も重要課題でした。そのため、ケアマネジャーの資格を持つ人も必要となり、私は率先して試験を受けて合格しました。

再び慈恵病院に戻って

菊水町立病院での仕事も二十四年が過ぎていました。その後、二〇〇〇年に私はもう一度慈恵病院に戻ることになります。

戻るきっかけとなったのは、蓮田先生の言葉でした。

「最近のお母さんは、妊娠中不安になったり、育児に不安を抱えた方がふえていてね。田尻さん、もう一度慈恵病院に戻ってきてくれないか。」

蓮田先生は看護部長の席をあけて、私を待っていてくださったのです。私に期待するものがいろいろおありだったようでした。

忙しい仕事の合間に、主人に会いにタクシーで来られたこともあります。お酒を酌み交わしたりして、私が慈恵病院へ戻るようにと主人を口説いていたようです。

もちろん、私はすぐに蓮田先生のお気持ちに応えたかったのですが、菊水町では退職願いをなかなか受理していただけませんでした。三回目にようやく気持ちを受け入れていただき、私の原点ともいえる懐かしい慈恵病院に戻りました。二〇〇〇

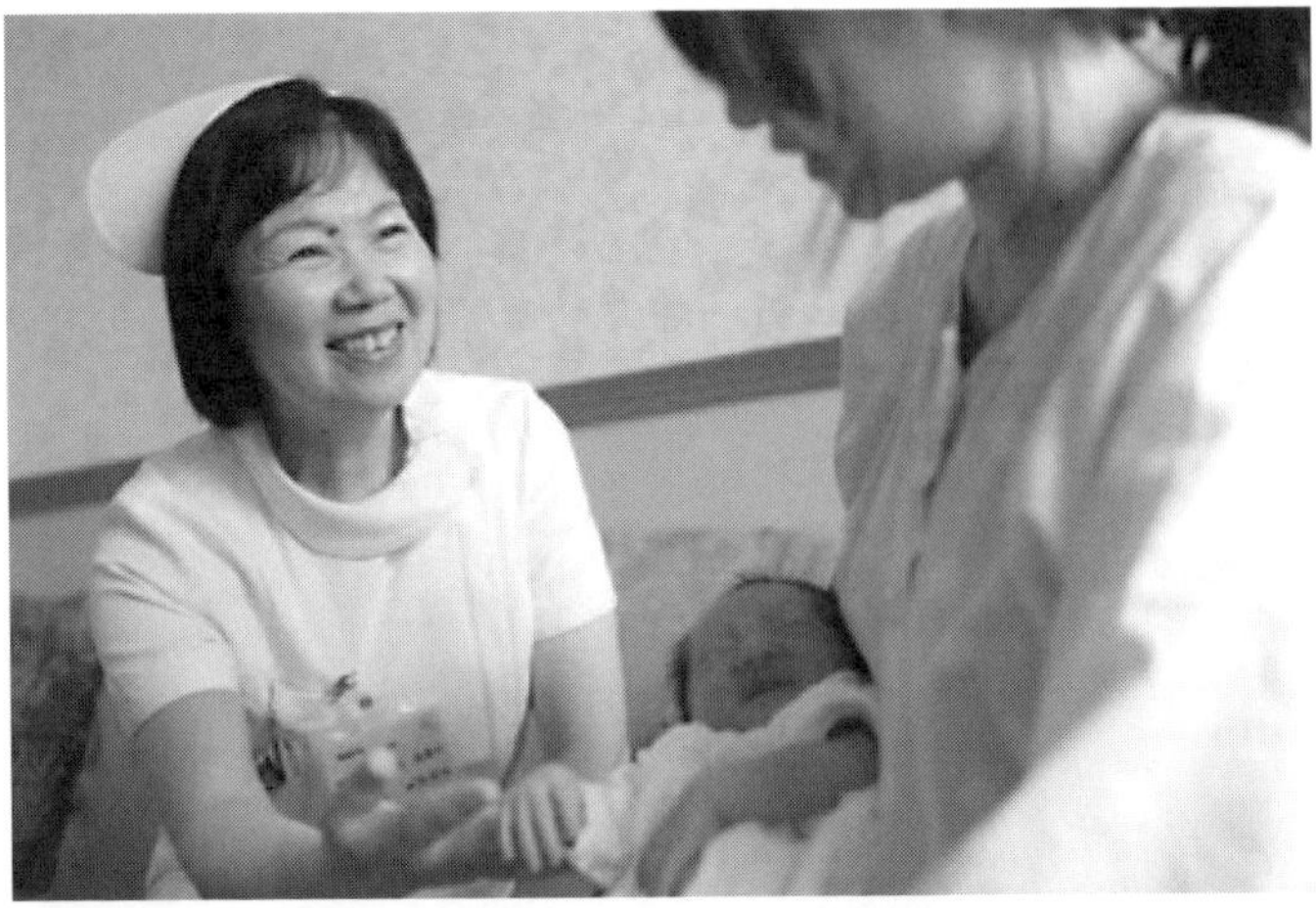

慈恵病院で、育児中の母親に声をかける、看護部長時代の筆者。

年のことです。

慈恵病院については先にも少し触れましたが、この病院は、一八八九年にフランス人のJ・M・コール神父がカトリックの手《て》取《とり》教会を設立したことにはじまります。日本ではじめて、フランシスコ修道会から熊本に宣教師が派遣されたのです。一八九四年に建てられた教会の裏手には、武将・加《か》藤清正《とうきよまさ》の菩提寺《ぼだいじ》でもある本妙寺《ほんみょうじ》があり、そこには当時、多くのハンセン病患者が集まっていました。

神父は貧しい人びとや、ハンセン病患者たちのようすに心を痛め、なんとかしたいとあらんかぎりのことに取り組みました。

1914年当時の待労院《たいろういん》。白い服を着ているのがシスター。

ところが、我が身を顧みず患者の救済活動に没頭した結果、過労で倒れてしまったのです。そこで、神父は本国のフランシスコ修道会に請願して、一八九八年に二十代のシスター五人を派遣してもらいました。

そうして、一九〇一年、貧しくて治療を受けられない人たちのための「待労院《たいろういん》」が設立されました。シスターたちの懸命の救済の姿を見て、「あそこに赤ちゃんを託せば助けてもらえる」と噂になり、自然に乳児院としての役割もになうようになりました。

それから長い時間が過ぎましたが、一九五二年には社会福祉法人となり、さら

待労院《たいろういん》につくられた「子どもの家」。

に近代医療の展開をめざして、社会福祉法人から一九七八年、現在の医療法人へ経営管理を移しました。現在の慈恵病院は、地域の医療福祉の拠点となり、地域の人たちに貢献する病院として、大きな役割を果たしています。

慈恵病院に戻って看護部長に就任したときから、私はさまざまな相談業務に対応していました。そうした経験から、二〇〇二年に、それまで「生命尊重センター」という命を守る組織がおこなっていた妊娠悩み相談を、ボランティアとして引き受けました。それがきっかけで、思いがけない妊娠や育児に悩むお母さんたちの相談に応じる

電話相談に応じる筆者。

二十四時間体制の電話相談窓口を病院に開設し、一年に一〜二週間ほど期間を限定して相談を受けたのです。
相談は、メール、電話、直接病院を訪れてなど、さまざまなかたちでおこなわれます。はじめは期間を限定しておこなっていたこうした活動が、赤ちゃんポストの設置につながっていくのですが、それについては第二章でくわしくお話ししましょう。

児童養護施設シオン園での経験から

話は前後しますが、私が菊水町立病院で働いていたとき、熊本県荒尾市《あらお》にあるシオン園という児童養護施設で研修を受けた時期がありました。

シオン園では、二歳から十八歳までの子どもたちが暮らしています（二〇一六年現在、四十五名が三名のケアワーカーと寝食を共にしています）。一般に、児童養護施設で暮らす子どもたちというのは、保護者がいなかったり、虐待されて保護されたりと、劣悪な生活環境からの保護を必要とする子どもたちです。

荒尾市は温暖な気候で、平野部には稲田がゆったりと広がり、丘陵を利用して梨やみかんが栽培され、夏には畑のスイカで景色がにぎやかになります。遠浅の海岸では海苔の養殖やあさり採りの光景も見られる、そんな自然豊かな地域です。私は、そこに行くたびに、その地が、子どもたちが大らかに成長するために選ばれた土地なのだと感じています。

シオン園は、一九二三年に、その五年前に来日されたアメリカ人宣教師で社会事業家のモード・パウラス先生によって設立されました。当初は、子どもに限らず、老人や婦人も入所していたそうです。一九五〇年に養護施設として認可を受け、その後はボーイスカウトの活動、柔道場、相撲道場、バレーボールコート、多目的ホールなどの施設も充実し、地域ぐるみの活動の拠点にもなっていきました。

シオン園の子どもたちの一日は、朝六時半の起床からはじまります。八時から九時の間に登園、登校し、下校の後はおやつの時間。夕食は十八時、その後、学習時間があり、高学年でも二十二時には就寝します。土曜礼拝はありますが、自由参加です。

四月のお花見、五月の球技大会、六月のボーイスカウト入団式など、月に一回はお楽しみのイベントが企画されていますが、十二月のクリスマス会が子どもたちのいちばん楽しみにしているイベントでしょうか。

三人の職員で、大勢の子どもたちの生活全般にかかわります。母親がわりになることもあります。子どもたちが通う学校の授業参観に行ったり、ときに個人面談に行ったりすることもあります。園外の役目もたくさんあるのです。

一方、そうした生活のなかから、年上の子どもが、自然と年下の子の面倒を見るようになるといいます。

なぜここで児童養護施設のシオン園についてお話ししたのかというと、ここで感じ・考えたことが、その後の私に大きな影響を与えたからです。シオン園での研修は、先述の佛教大学の通信教育の一環でした。福祉現場の研修は必須で、金曜日の仕事明けと土日を利用して、シオン園に出かけていたのです。研修をはじめるとすぐに、大きな問題に気づかされました。

赤ちゃんの時から親の養護をうけられなかった子どもたちは、児童養護施設で暮らす以前には乳児院で育てられることが多くあります。乳児院では、職員が親がわりになって、子どもが安心できるいちばんの場所（家庭）としての役割をもつことが重要です。子どもたちは、乳児院の職員を、自分の親のように思って成長するのです。

研修の際に、まもなく三歳になろうとする子がいました。乳児院からシオン園にうつってきたばかりのころは、何日も泣き通しでした。おそらくその子は、赤ちゃんの時からずっと乳児院をわが家と思ってきたのでしょう。ところがもうすぐ三歳になるということだけで、親だと思っていた人から突然引き離されてしまったのですから、かわいそうに、さぞかし不安だったことでしょう。

乳児院と児童養護施設では環境がかなり違います。二歳未満の乳児しかいない〝家庭〟から、いっきに十八歳までいる〝社会〟に入ることになるわけです。雰囲気の差に戸惑うのはいうまでもありません。

私は、それまでも多くの赤ちゃんの誕生にかかわってきました。しかし、シオン園で研修を受けてからは、成長していく赤ちゃんのその後についても、自分にできることがあるのではないかと思うようになっていきました。シオン園で暮らす子どもたちの成長を追っていくと、見えてくるものがあるのです。

シオン園で暮らす子どもたちは、年齢によって、シオン園に併設された保育園に行くことになりますが、彼らにとっては庭続きのような気分もあるらしく、ほとんどの子がリラックスして保育園を楽しむことができます。

しかしその後、地域の小学校に入学すると、状況が一変します。それまで一緒に過ごした仲間と同じクラスになることはほとんどありません。小学校では、児童養護施設の子どもは、クラス分けの時、あえて分散させることが多いのです。すると、クラスのなかでひとりだけ「施設の子」といった目で見られてしまい、孤立してしまうことが少なくありません。そして、どうしても問題を起こすことが多くなってしまいます。

そもそも、児童養護施設の子どもたちは、一対一の愛情を知りません。ですから、一度心を許すと体当たりで甘えてくる子が多いのです。その信号をきちんとキャッチしてあげなければ、傷つけることになりかねません。

私は、シオン園で子どもたちと接しながら、あらためて児童養護施設の限界を感じたのです。私の問題意識は、芋づる式にどんどん広がっていきました。児童養護施設の子どもたちの現実と将来についての私の問題意識は、その問題を解決するひとつの手段として、里親や養子縁組の必要性へと結びつきました。その必要性は、子どもはもとより、赤ちゃんにもいえることです。

シオン園、シオン保育園でのこのような経験は、その後、私が「こうのとりのゆりかご」に深くかかわっていく背景となったといえるでしょう。

なお、二〇一二年、シオン園は里親支援専門相談員をおき、より多くの子どもたちが、あたたかな家庭で養育されるように支援しています。また二〇一四年からは「ボランティア里親の会」を発足させ、園内でふれあったり行事で交流するなど子どもたちのより良い養育環境につながる取り組みをしています。

じつは、これらは、二〇〇七年からスタートした「こうのとりのゆりかご」の運用からその必要性を痛感した結果、発足したものでした。

第二章「こうのとりのゆりかご」の誕生

ベビークラッペ——ドイツの赤ちゃんポスト

ここからは、「こうのとりのゆりかご」が誕生したいきさつを順を追ってお話ししていきましょう。

「こうのとりのゆりかご」は、ドイツの例を参考に開設されました。

これは、病院の一角にある扉の奥に設置された保育器に赤ちゃんが置かれると、ブザーが鳴り、スタッフがかけつけて赤ちゃんを保護するという仕組みです。ゆりかごに預ける前に相談するように促していますが、相談なしに赤ちゃんが置かれた場合、病院は警察署と児童相談所に通報し、事件性がなければ赤ちゃんは児童相談所の判断で乳児院で養護されます。

赤ちゃんを生んでも、養育ができない事情を抱えたお母さんはたくさんいます。そんな赤ちゃんの養育を託すことができるように（しかも匿名で）、病院などに設置される受け入れ窓口をさした名称が「赤ちゃんポスト」です。ドイツ語でBabyklappe（ベビークラッペ）とよばれているので（Babyは「赤ちゃん」、

klappe は「ポスト」を意味する）、日本では「赤ちゃんポスト」とよばれることが多いですが、その言葉がいつ・どこで用いられるようになったかははっきりしていません。

日本では、慈恵病院が二〇〇七年五月に「こうのとりのゆりかご」の名称で設置したものが唯一、現在も活動を続けています（一九八六年から一九九二年までは群馬県にも同様の施設がありました）。

「こうのとりのゆりかご」という名称は、イタリア語にいう Culle per la vita「命のゆりかご」をもとにしています（私は当初より、「ポスト」という言葉のもつイメージはあまりよくないと思っていました）。

さて、ここで話は「こうのとりのゆりかご」が生まれる三年前の二〇〇四年五月に戻ります。

蓮田先生と私は、「生命尊重センター」からのお誘いを受けて、ベビークラッペ（赤ちゃんポスト）が設置されている保育園、公立のカトリックの病院などを視察するため、ドイツに行きました。

生命尊重センターは、一九八一年のマザー・テレサの来日をきっかけに、各方面の方々が集まり、東京に設立された民間団体です。

「日本は豊かな国だというけれど、中絶がこれほどおこなわれる社会がはたして幸せなのだろうか」と語ったマザー・テレサの言葉に、心ある多くの日本人がショックを受けました。生命尊重センターは、妊婦と胎児の命について考え、その尊厳を守るための活動を続けています。さきに47ページでもふれましたが、慈恵病院で二〇〇二年に、二十四時間体制の電話相談窓口を設置したのも、生命尊重センターと連動した活動の一環です。そうしたなかで、「赤ちゃんポスト」が生まれたドイツを視察しませんか、と蓮田先生に声がかかったのです。

ハンブルクのシュテルニ・パルク保育園にベビークラッペ第一号が創設される以前、ドイツでは年間推計千人もの赤ちゃんが、森の中やゴミ箱に捨てられていたといいます。とても想像できることではありません。

しかも発見された子は四十人ほどで、その半数はすでに死亡していたそうです。ドイツの冬はとても寒く、捨てられると、多くの赤ちゃんは凍死してしまうからで

ドイツ視察の際の筆者（左）。

した。

そのことを知り、衝撃を受けたハンブルクのお母さんたちが、保育園の一角にあたたかいベッドを置きました。二〇〇〇年四月のことです。それこそが、「ベビークラッペ」のはじまりです。

当時、ハンブルクでは貧困層や失業者が非常に多く、赤ちゃんを育てられない人が多くいたということも、ベビークラッペの設置につながったといわれています。

私たちは、まさにこの保育園を視察しに行ったのです。私たちが視察に行った二〇〇四年には、ドイツ国内七十か所にベビークラッペがありました。二〇〇〇年に第一号が設置されてから一年後に二十二か所、三年後には六十か所、四年間でずいぶん増え

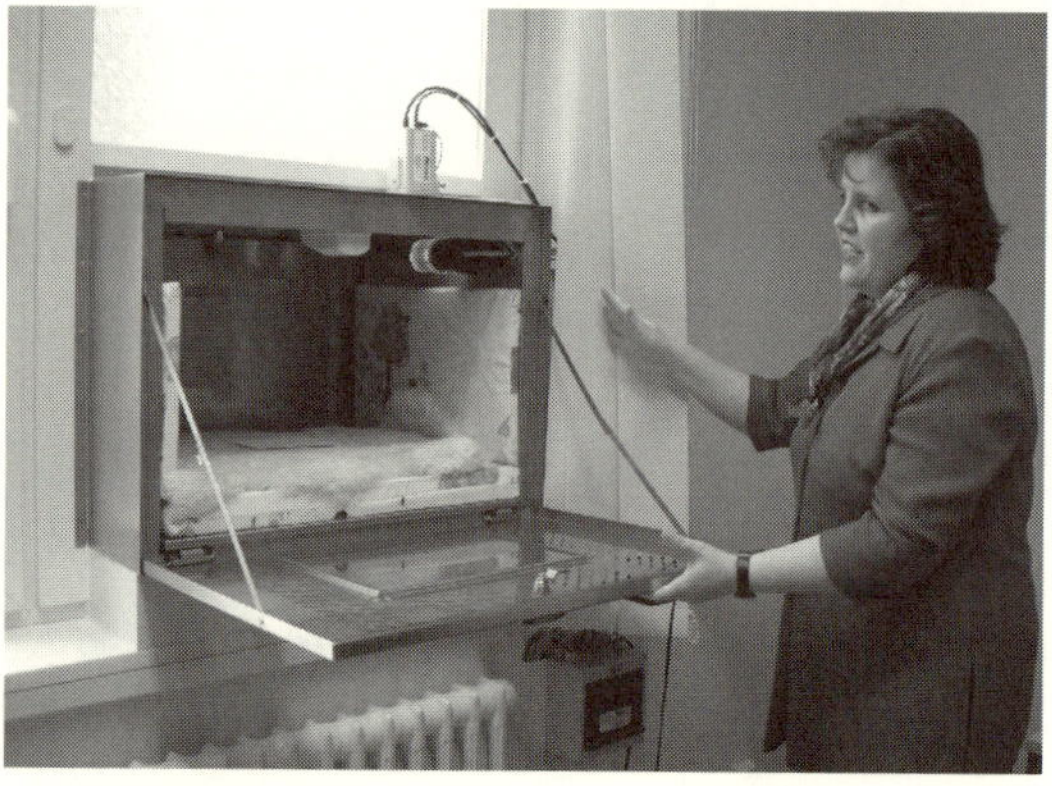

ドイツで見学したベビークラッペ（内側から見たところ）。

ベビークラッペの場所を知らせる案内板。

たものです。捨てられる赤ちゃんが増えているからでしょうか？

いいえ、ドイツでは、実際に赤ちゃんが預けられるのは、二年間に一人くらいだということがわかっています。それでも、ベビークラッペの数が増加しているのには理由があります。

それは、ベビークラッペの目的が、「赤ちゃんの命を救うこと」だからです。「ひとつでも多く設置して、いつでも利用できる状態にしておくことが重要です」と、ドイツの福祉行政の担当官は、私たちに話してくれました。

この点、日本の行政の発想とは雲泥《うんでい》の

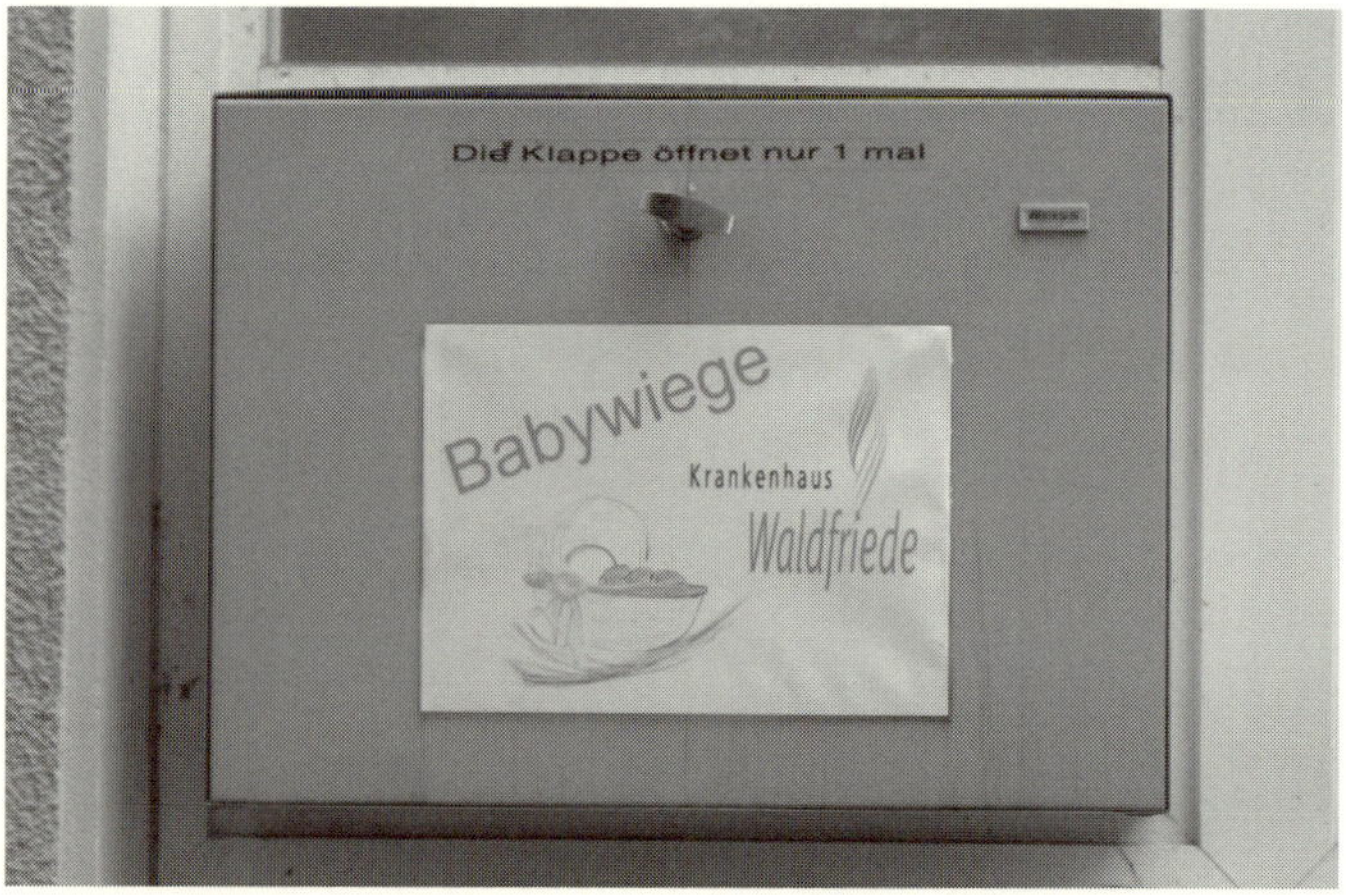

「Babywiege」（ドイツ語で「ゆりかご」という意味）と書かれたベビークラッペの扉。

差だと感じました。

もうひとつ、ドイツで心に深く残ったことがありました。ベビークラッペに赤ちゃんが預けられると同時に、赤ちゃんを預けたお母さんに向けて「赤ちゃんを大切にお預かりしています。迎えにきてください！」というメッセージを新聞に掲載し、赤ちゃんの引き取りを呼びかけているのです。行政がお金をかけておこなっているといいます。この、新聞による呼びかけを見て、引き取りに戻って来るお母さんが半数近くいるということでした。

赤ちゃんを預けたお母さんの気持ちは

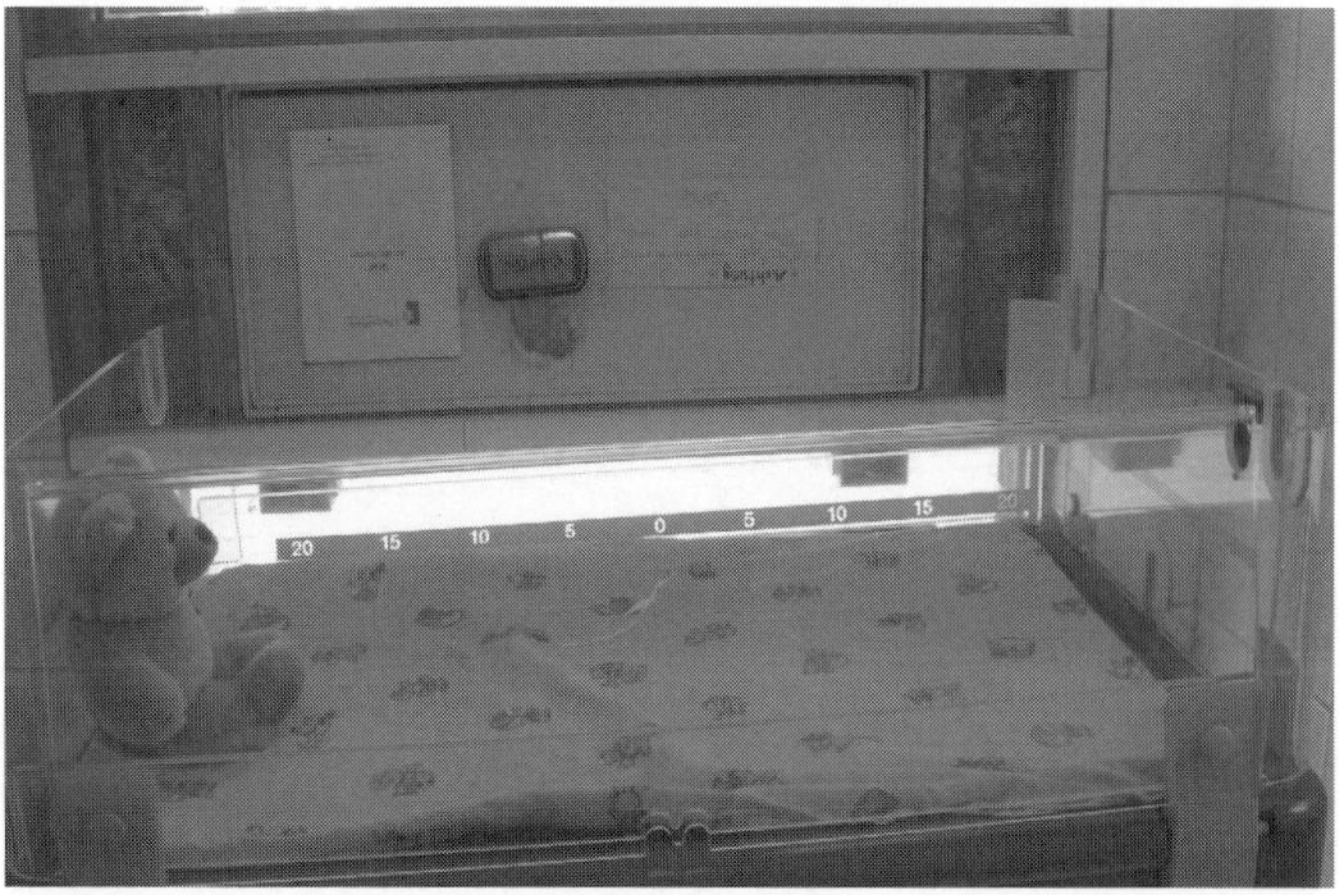

ベビークラッペの扉の内側にはあたたかいベビーベッドが置かれている。

計り知れません。新聞の呼びかけは、赤ちゃんを預けたお母さんたった一人に向けたものです。ドイツでは行政が費用をかけてまでそうしたことをおこなうと知って、この点でも、日本の妊産婦に対する行政支援がとても貧相に思えてなりませんでした。ベビークラッペは、捨て子を助長するものではありません。実のお母さんが子どもと共に生きていけるように支援することが本来の目的なのです。

ドイツの妊婦支援の現状と胎児の人権

現在ドイツでは、ベビークラッペに預けられた赤ちゃんは、預けられた日から八週間は、保護した機関が育てることになっています。

その間、産みの親がわかっている場合には、専門のスタッフがその母親とカウンセリングを重ね、くわしく事情を聞いたり、悩みの相談にのったりします。そうした話し合いを重ねていくなかで、母親は「育ててみよう」と思い直すことも多いといいます。一方、母親がわからない場合や、カウンセリングで養育はやはり不可能だという判断になった場合には、すみやかに養子縁組を望んでいる夫婦をさがすことになります。

ドイツのベビークラッペの支援体制は、そうした当初におけるものだけではありません。その子どもが成人するまで、行政が継続的にかかわっていくのです。

ベビークラッペ第一号のシュテルニ・パルク保育園には、現在「妊娠葛藤相談所」と「捨て子プロジェクト基金」の事務局が併設されています。そこでは、子育ての困難なお母さんに対する手厚い援助がおこなわれているのです。

たとえば自分の名を明かさなくても出産できる「匿名出産」や、内密に出産して養子に出す制度も整備されています。自分で育てられない場合は養子として育ててくださる方に託すことができるので、ほとんどの赤ちゃんが、施設ではなく家庭で育ちます。

さらに、お腹の赤ちゃんに障害があるとわかった場合は、その直後から、妊婦さんと医師と相談員が情報を共有して、どうすることが最善か、今後起こりうる可能性をくりかえし話し合い、必要なことを整えます。社会的支援の助言も受けられるようになっています。

こうしたドイツの制度の背景には、ドイツ連邦共和国基本法の第一条に「人間の尊厳は不可侵である。これを尊重し保護することは、すべて国家権力の義務である」と謳《うた》われ、「命に対する権利は胎児にも及ぶ」と胎児の尊厳が明記されていることにあります。日本国憲法では、「胎児の人権」に関する条文はありません。ここにこそ、赤ちゃんポストに関するドイツと日本の大きな違いがあるのではないかと、私は考えています。

「こうのとりのゆりかご」の構想から設置まで

蓮田先生は、ベビークラッペの視察で、ドイツの支援体制について知り、日本との差にショックを受けられていたようでした。のちに、「こうのとりのゆりかご」を創設することにはなるのですが、蓮田先生も、帰国直後には、すぐには同じようなものを日本にもつくろうという気持ちにはならなかったようです。なぜなら、べビークラッペのようなものが日本人に受け入れられるかどうか、判断しかねていたからです。

ところがその当時、日本でも赤ちゃんの遺棄事件が週に一件の割合で発生している状況でした。そのようすは、マスコミでも大きくとりあげられていました。しかも、地元熊本で、二〇〇五～二〇〇六年に三件も赤ちゃん遺棄事件が発生したのです。身近に起きた赤ちゃん遺棄事件は、蓮田先生の気持ちを大きく揺りうごかしました。

「ドイツの赤ちゃんポストを視察し、いろいろなことを学んできたわれわれは、踏み出さなければならない」と、蓮田先生はおっしゃいました。蓮田先生の胸のうちには、あのマザー・テレサの言葉があったのだと思います。

「愛の反対は憎しみではなく、無関心である」

「赤ちゃんの生き延びる権利が最も重要で優先されるべきである」

それからの蓮田先生の行動力は、「すごい」の一言でした。

二〇〇六年十一月、「こうのとりのゆりかご」の設置構想を発表しました。そして、その名称について、「私たちが用意したベッドに託された赤ちゃんの行く末の幸せを願って、『こうのとりのゆりかご』と名づけました」と思いを表明しました。〝赤ちゃんはコウノトリのくちばしで運ばれてくる〟〝コウノトリが住んだ家には幸福が訪れる〟といった言い伝えにちなんだのです。

「はじめに」に記したように、それからは日本中が大騒ぎになりました。予測どおり、政府首脳からは、この取り組みに否定的な反応が出されました。しかし、熊本市長の判断は、「設置許可」でした。マスコミをはじめ、世間は大揺れに揺れました。蜂の巣をつついたような騒ぎだといっても過言ではありません。慈恵病院の電話は鳴りっぱなしです。一般からの抗議の声にまじって、取材の申し込みも殺到しました。

「ゆりかご」揺れて産声

赤ちゃんポスト 許可

匿名で放棄広がる懸念

「黙って見過ごせぬ」反論

倫理強調、政治も意識

首相「政府は認めない」

ドイツには80カ所超

赤ちゃんポスト 12世紀にイタリアの養育施設でつくられたのが始まりとされる。その後、欧州各地で修道院や教会などが、乳児を入れる箱をつくり、捨てられた子どもの命を救った。

20世紀初頭までに廃止されたものの、ドイツでは2000年、母子救済の目的で託児所などを運営する団体が「ポスト」を設置。現在80カ所を超えている。イタリアなどでも設置の動きが広がっている。慈恵病院は「こうのとりのゆりかご」と呼んでいる。

2007年４月26日付、朝日新聞。「こうのとりのゆりかご」の設置許可が出た当初、さまざまな意見がマスコミを賑わせた。

明解要解

「赤ちゃんポスト」の先例 ドイツ

目に見える効果薄く国論二分

2007年４月17日付、産経新聞。

最初に預けられた命

すでに何度もお話ししてきましたが、「こうのとりのゆりかご」は二〇〇七年五月から運用を開始しました。設置場所は、病院本館東側の職員通路口の隣です。

こうした場所に、お母さんはどんな気持ちで赤ちゃんを預けるのでしょう。悩みに悩んだすえ、赤ちゃんをそっと寝かせ、逃げるように走り去るのでしょうか。なかには後ろを振り返り、誰かに声をかけて欲しいと願うお母さんもいらっしゃるでしょう。慈恵病院では、そんなことを事前に話し合った結果、設置場所を通路口にしました。職員と出会い、直接話すことができる可能性を残したのです。

運用開始日の午後三時、最初にゆりかごに預けられたお子さんは、私たちの予想に反し、三歳の男の子でした。預け入れの対象は新生児と考えていたので、スタッフ全員が驚きをかくすことができませんでした。するとマスコミが、「誰が預けた」のか、「犯人」探しをはじめました。取材競争で、蓮田先生のご自宅の前には報道陣が大挙して押し寄せました。その騒動はしばらく続き、蓮田先生のご家族は、気が休まらなかったと思います。

うれしいことに、そのお子さんにはまもなく里親が見つかりました。そして元気に成長をとげ、あるとき蓮田先生や私に会いにきてくれたのです。自分がゆりかごで命を助けてもらったということも承知していました。「先生、ありがとう」と笑顔でいうお子さんを見て、私はすばらしい里親に出会えたことに、感謝の気持ちで胸がいっぱいになりました。

「こうのとりのゆりかご」論争

「こうのとりのゆりかご」をめぐっては、開設当初から批判や疑問の声があがっていました。

いちばん多かったのは、ポストを設置することで、子どもを捨てることや育児放棄を助長するのではないか、というものです。また、匿名で赤ちゃんを預け入れるので、将来子どもが自分の出自をもとめて悩み、苦しむのではないかという指摘もあります。親が子を捨てることが許せない、と倫理的な面で怒りを覚える人や、自分たちの納めている税金が、本来なら親が養うべき子どものために使われるのはおかしい、と憤る人もいます。

こうした声に対し、蓮田先生は、ていねいに答えられてきました。捨て子を助長するのではないかという指摘に対しては、預けられた子どもの数が設立当初から減ってきていることを説明し（↓80ページの資料参照）、「ＳＯＳ電話相談窓口」の体制を充実させることが急務だと述べています。

子どもの出自については、預けられたときに知った情報をもれなく記録し、知りうる限りの情報を誠意をつくして話すとし、大事なのは「出自」ではなく「命」であることを強調しています。

赤ちゃんの命と、親の名前を知る権利とでは、どちらが優先されるべきか。親の名前がわからなくても、愛情のある家庭で大切に育てられれば、十分に幸せに生きていくことはできる、という考えです。実際、最初に預けられた三歳の男の子は、先述のように、里親のもとですくすくと成長しています。

「親が子を捨てることが許せない」という考えは、多くの人がもつものでしょう。しかし、ゆりかごに預ける女性は、とても切迫した状況にいる場合が多いのです。たとえば、結婚の約束をしていたのに出産前に相手がどこかに行方をくらましてしまった。そのうえ預金まで持ち逃げされてしまい、相談できる人もなく、途方にくれている。また、学生で、だれにも妊娠を打ち明けられず悩んでるうちに破水してしまい、自宅で出産してしまったなど、状況はいろいろですが、そこにはひとりで悩み、苦しみ、最後の手段としてゆりかごに連れてくる女性の姿があります。

なかには出産前診断で十分な説明もなく胎児の障害を告げられ、うつ状態になってしまった女性もいます。

こうした女性がだれかに相談したくても、相談できる人がいないのです。公的機関の役割が広報されていなかったり、相談体制が十分に機能していないことも問題としてうかびあがってきます。

蓮田先生は、預けられた子どもを、できるだけ早い時期に特別養子縁組（養子の年齢は六歳未満、実親との関係消滅など普通養子縁組とは制度が異なる）につなぐことができれば、子どもも養親《ようしん》も幸せで、税金も使わずにすむと考えていらっしゃいます。生後から十八歳まで一貫して公的施設で育てるとなると、一人につき一億一五二〇万円（全国里親協議会調べ・千葉県の場合）かかるという数字も出ています。

「こうのとりのゆりかご」の設置後、年数が重なるほど、私も蓮田先生とおなじ思いを強くしています。と同時に、「こうのとりのゆりかご」は子どもの命を救うセーフティネットになっていると確信しています。妊娠中から、赤ちゃんを育てられないという女性の相談にのることにより、赤ちゃんの命が里親や特別養子縁組という形で新しい家庭につながっている、このことの意義は大きいと思います。

さらに必要なのは、妊娠により諸事情を抱えて困っている女性たちの話を聞き、でき得る限りのアドバイスをし、また生まれてくる子どもたちのために母子共に支援する仕組みをつくることです。少子化の日本にあって、次世代を築くためにも急がなければならないと私は考えています。

第三章　「こうのとりのゆりかご」の仕組み

「こうのとりのゆりかご」の扉

「こうのとりのゆりかご」は、開設から三年余りがすぎた二〇一一年一月、設置場所を新産科棟（マリア館）へ移設しました。

マリア館は、その名のとおりイエス様を抱くマリア様の像が、赤レンガの屋根の白い塔の正面にやさしくたたずみ、かけがえのない命の誕生と親子のはじまりを祝福しています。

扉の横にはインターフォンがあります。その横にはメッセージが書かれていて、「赤ちゃんをあずけようとしているお母さんへ」「秘密は守ります。赤ちゃんの幸せのために扉を開ける前にチャイムを鳴らしてご相談ください」とよびかけています。

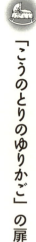

この場所は、開設当初に設置された場所よりわかりやすいところにあります。プライバシーを守りつつ、人目につきやすいようにしたのです。

扉のそばには、県、市、慈恵病院の三か所に設けられている相談窓口の電話番号を記載したカードが置いてあります。少し厚みのある名刺サイズにしたのは、あわてて手に握っても、クシャクシャにならないように、また、ポケットなどにすぐに押しこめるようにと、みんなで話し合って決めたことです。預けることを思いとどまったときや、まずは相談しようと思ったときには、いつでも相談できるようにするためです。

「ゆりかご」の設置場所にも、相談窓口のカードにも、「ゆりかごにあずける前にまず相談してください」といった、慈恵病院スタッフみんなの願いが込められています。

「こうのとりのゆりかご」の扉を開けると……。くわしくお話しすることはできま

マリア館に移設された「こうのとりのゆりかご」。

せんが、すぐわかるところに、赤ちゃんを預けようとするお母さんに宛てた手紙が置いてあります。その手紙の文章も申し上げることはできません。

でも、これは、お母さんに対して慈恵病院がどうしても伝えておきたい大切なメッセージとなっています。また、その手紙はお母さんにとっても「こうのとりのゆりかご」とつながる唯一のものです。非常に重要な意味があるのです。いつの日か、お母さんが赤ちゃんを引き取りたいと思われた時に、預けたのがそのお母さんであることを証明できるものとなっているからです。

その手紙を受け取らないと、奥の扉は開きません。それほど「大切な手紙」です。手紙を取り上げてはじめて、赤ちゃんを預ける場所の扉が開くようになっているのです。最初の扉を開けると「大切な手紙」があり、その手紙を取ると、次の扉が開く。この時間がどれくらいの長さなのか……。お母さんの気持ちを確認するための「長い時間」であるのはたしかです。

「こうのとりのゆりかご」に赤ちゃんが預けられると、ただちにナースセンターと新生児室の二か所のブザーが鳴り、赤ちゃんを映しだすモニターが作動します

（預けたお母さんを映しだすことはありません）。スタッフは二人で駆けつけ、医師も赤ちゃんの診断をいそぎます。そのあいだに速やかに警察署、児童相談所に連絡します。警察への連絡は、事件性の有無を確認するために重要なことです。

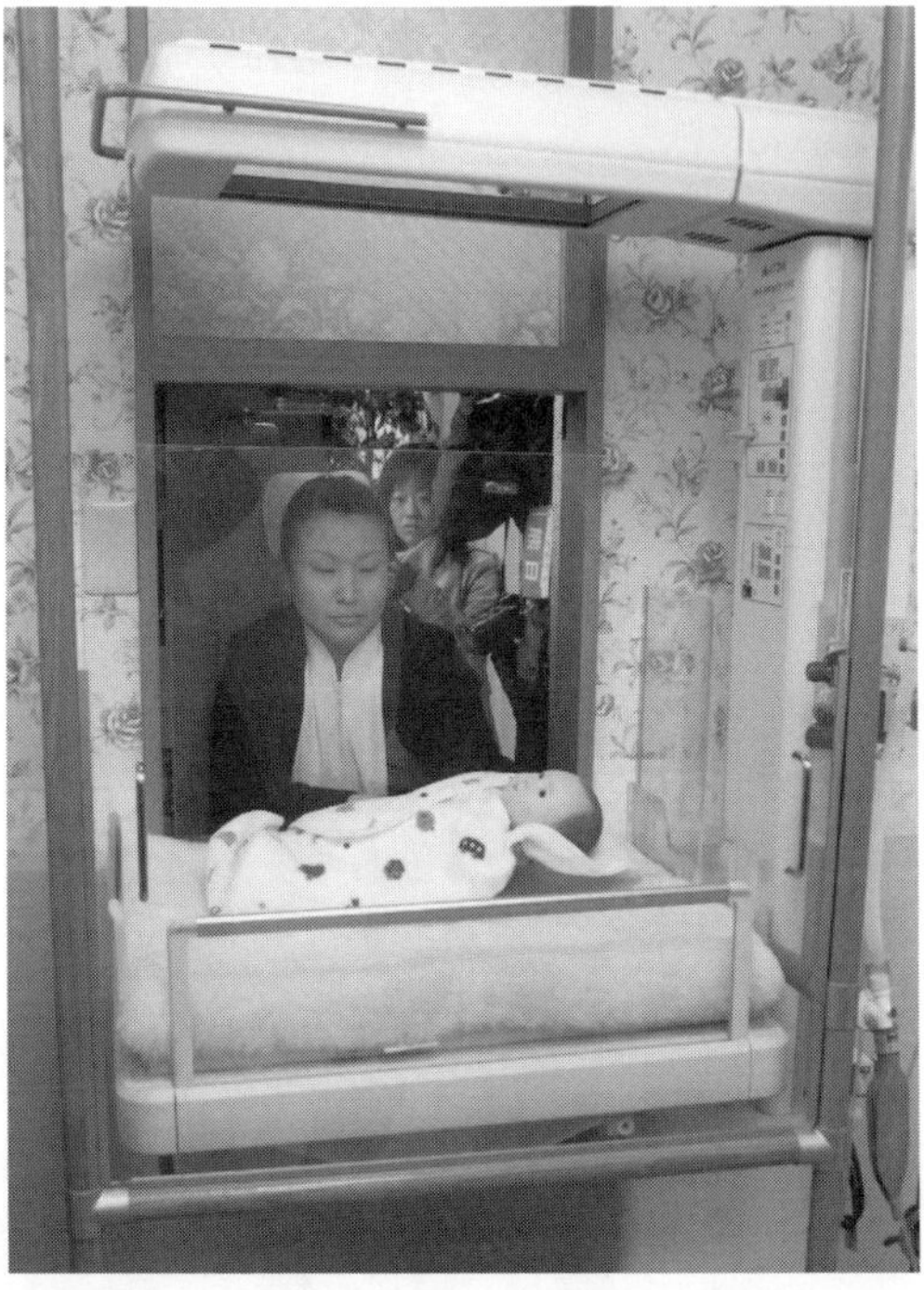

実際にどのように赤ちゃんが預けられるのかを、職員によって再現したようす。

「こうのとりのゆりかご」の利用件数

熊本市が二〇一五年五月に発表した「こうのとりのゆりかご」の検証報告書では、「こうのとりのゆりかご」が救えた命は、二〇〇七年五月の開設から二〇一四年度までの約八年間で、百十二人となっています。

「こうのとりのゆりかご」の利用件数は、下のグラフで示すように、開設二年目の二十五人をピークに二〇一一年以降は、十人前後となっています。

第二章でドイツのベビークラッペの視察について紹介しましたが、ドイツでは、預けられた赤ちゃんは、八週間たっても親が

●「こうのとりのゆりかご」への預け入れ人数（2007年―2014年度）

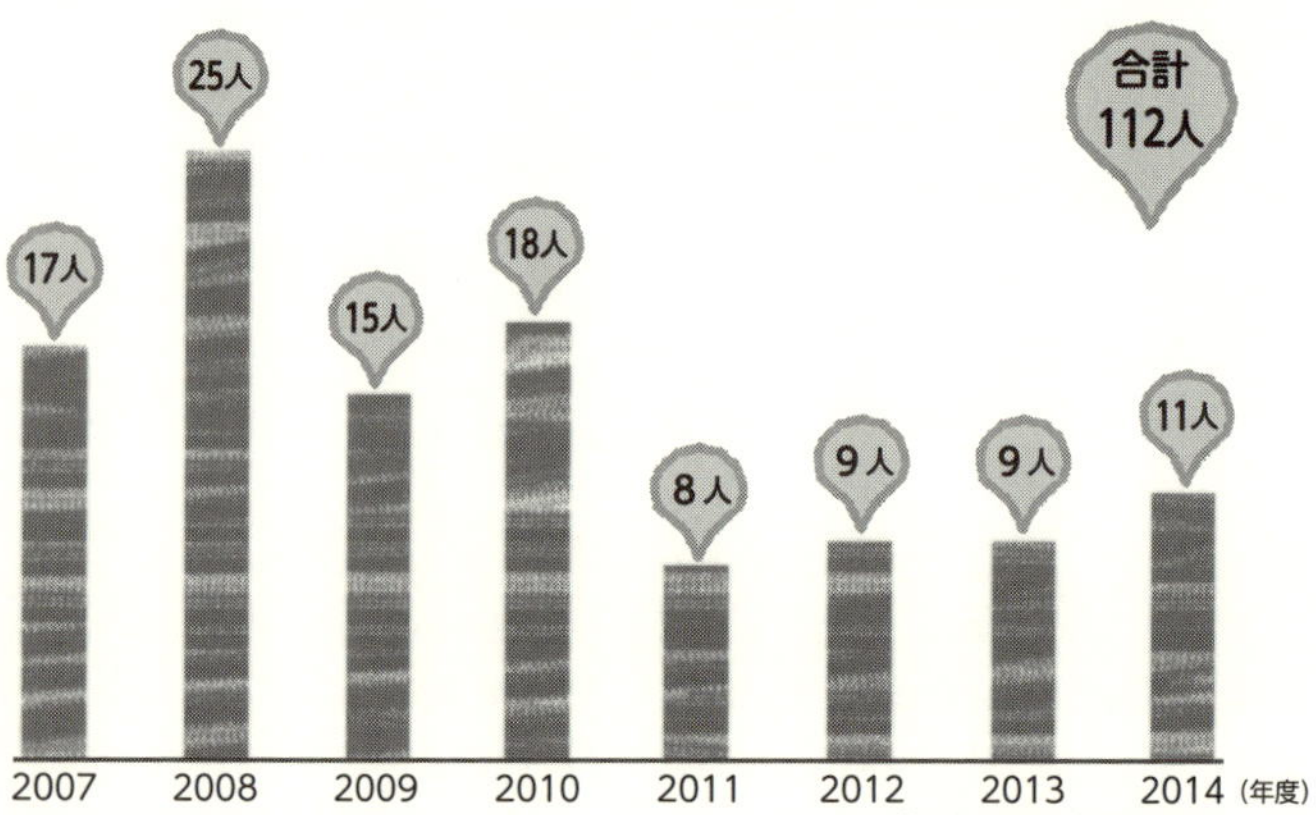

（熊本市の検証報告書より）

迎えに来なかった場合、養父母に託され、養子として一般家庭で育てられることになっています（↓64ページ）。

慈恵病院でも、ドイツと同じような運用になることを開設当初から願っていたのですが、いまだにそういうふうにはなっていません。

預けられた赤ちゃんは、名前がわからなければ、熊本市長が名づけ親になって戸籍をつくります。それはそれで、すみやかな対応としてよいことですが、その後すぐ、児童相談所の判断により、健康な赤ちゃんは乳児院で養護されることになっているのです。

私は、この迅速《じんそく》さはいかがなものかと思っています。ドイツの八週間が適切な期間かどうかはわかりませんが、赤ちゃんを引き取ろうと思い直すことがお母さんに許される時間は、ある程度確保されるほうがよいのではないでしょうか。

八年間で救えた百十二人の赤ちゃんたちは？

「こうのとりのゆりかご」が救えた百十二人の命のうち、最初のお子さんについてのみ、すでにお話しさせていただきました（↓70ページ）。しかし、その他の百十一人がどのような赤ちゃんだったか、どんなようすだったか、その後、どうなったかなどについては、お話しすることはできません。

私がここでいえることは、命が救われたことはほんとうによかったということです。しかし、私たちにできることは、もっと他にもあるのではないだろうか？　この八年間、私にとってそういった思いがどんどん増していきました。

慈恵病院はその後、救われた命にかかわることはできません。ドイツのように、八週間ですら育てることはできないのです。

日本では、生まれても親に育てられず、救われた命については、法律上、「遺棄児」であるという通告が必要です。

身元が判明した赤ちゃんは、まずは保護者の住む地域の児童相談所へ委ねられます。身元が判明しない場合は、児童相談所が赤ちゃんの月齢にしたがって乳児院などに養育を託します。その後、里親制度や特別養子縁組によって、養親に育てられることもあります。ここには慈恵病院も蓮田先生も、もちろん私も関与できないのです。

百十二名のうちほんの少数ですが、のちに手紙や電話でつながったり、なかには最初の子どもの例のように、訪ねてくれる場合もあります。しかし、基本的には、熊本市が要保護児童として処遇していくことになっています。

それでも、「こうのとりのゆりかご」が救えた百十二人の命のうち、家庭に引き取られた子どもが十八人、施設に残っている子どもが三十人、特別養子縁組が成立した子どもが二十九人、里親に引き取られた子どもが十九人いるということを、私は聞いています。

場合によっては、のちに身元が判明することもありました。

その場合の対処の仕方は非常に重要です。保護者が必要としている支援を見極めて、できる限り手を尽くさなければなりません。保護者の身元が判明して家庭に引き取られたあとに、追い込まれて母子心中してしまったといった悲劇もおきているのです。

児童相談所がおこなうことになっている、家庭の養育環境が整っているかどうかの判断は、絶対にミスがあってはならないものです。さらには、十分な支援もおこなっていかなければなりません。そんなことを考えると、救われた命がその後、どこで、どのように成長しているのか、私はとても心配になってしまいます。

児童虐待の増加と「こうのとりのゆりかご」

「はじめに」でお話ししたように、いま、児童虐待が急増しています。とても悲しいことですが、虐待関連のニュースが毎日のように、テレビや新聞で見受けられます。

国の将来を担う子どもたちの尊い生命が、虐待というかたちで脅かされているのです。これは異常事態というべきことでしょう。児童虐待については私は専門外で

●児童相談所による児童虐《ぎゃくたい》待相談の対応件数

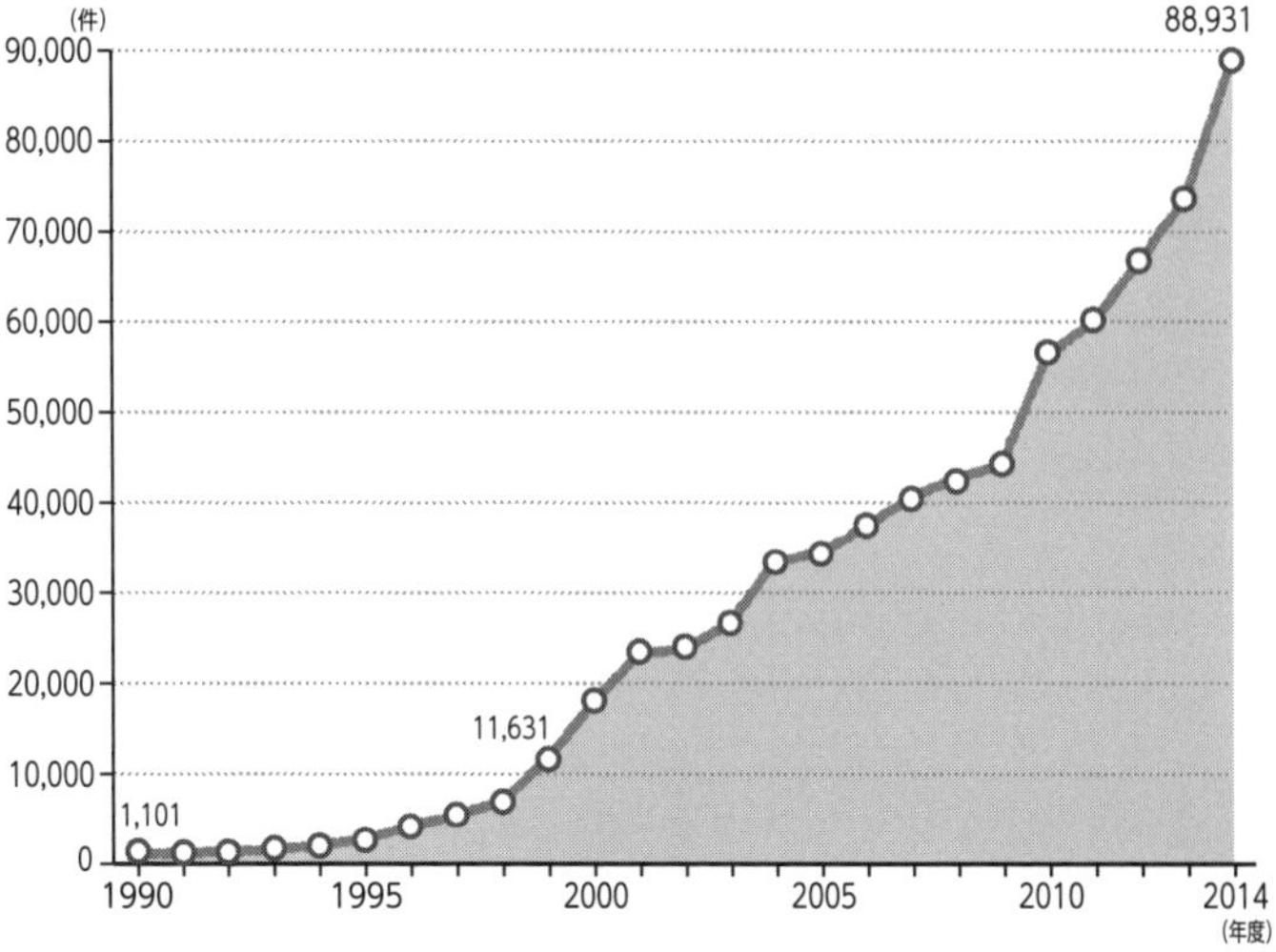

注：2014 年度は速報値。（厚生労働省ホームページより）

すが、この状況を何とかしなければといつも考えています。

じつは、児童虐待の増加は、「こうのとりのゆりかご」の必要性を高めているのです。日本では、虐待による死亡例のうち四割を占めるのがゼロ歳児だという数字がでています（二〇一四年三月厚生労働省省調べ）。

虐待でおびやかされる命は、なんとしても救わなければなりません。

ここで、厚生労働省が考える児童虐待にはどのようなものがあるかをまとめておきます。

・身体的虐待…殴る、蹴る、投げ落とす、激しく揺さぶる、やけどを負わせる、溺《おぼ》れさせる、首を絞める、縄などにより一室に拘束する、など。
・性的虐待…子どもへの性的行為、性的行為を見せる、性器を触るまたは触らせる、ポルノグラフィの被写体にする、など。
・ネグレクト…家に閉じ込める、食事を与えない、ひどく不潔にする、自動車の中に放置する、重い病気になっても病院に連れて行かない、など。
・心理的虐待…言葉による脅《おど》し、無視、きょうだい間での差別的扱い、子どもの目の前で家族に対して暴力をふるう、など。

第四章「ＳＯＳ電話」が受けとめる！

預けられる赤ちゃんは減ったけれど

80ページで見た「こうのとりのゆりかご」の検証報告書によると、預けられた命は減っていますが、反対に、相談件数はどんどん増えています。

それは、下のグラフを見てもわかるように、慈恵病院が二〇〇七年から「こうのとりのゆりかご」に併設している、フリーダイヤルによる「SOS赤ちゃんとお母さんの相談窓口（以下「SOS電話」とよぶ）」の相談件数が、うなぎのぼりであることからも明らかです。

「SOS電話」は、「こうのとりのゆりか

●「SOS 電話」への相談件数

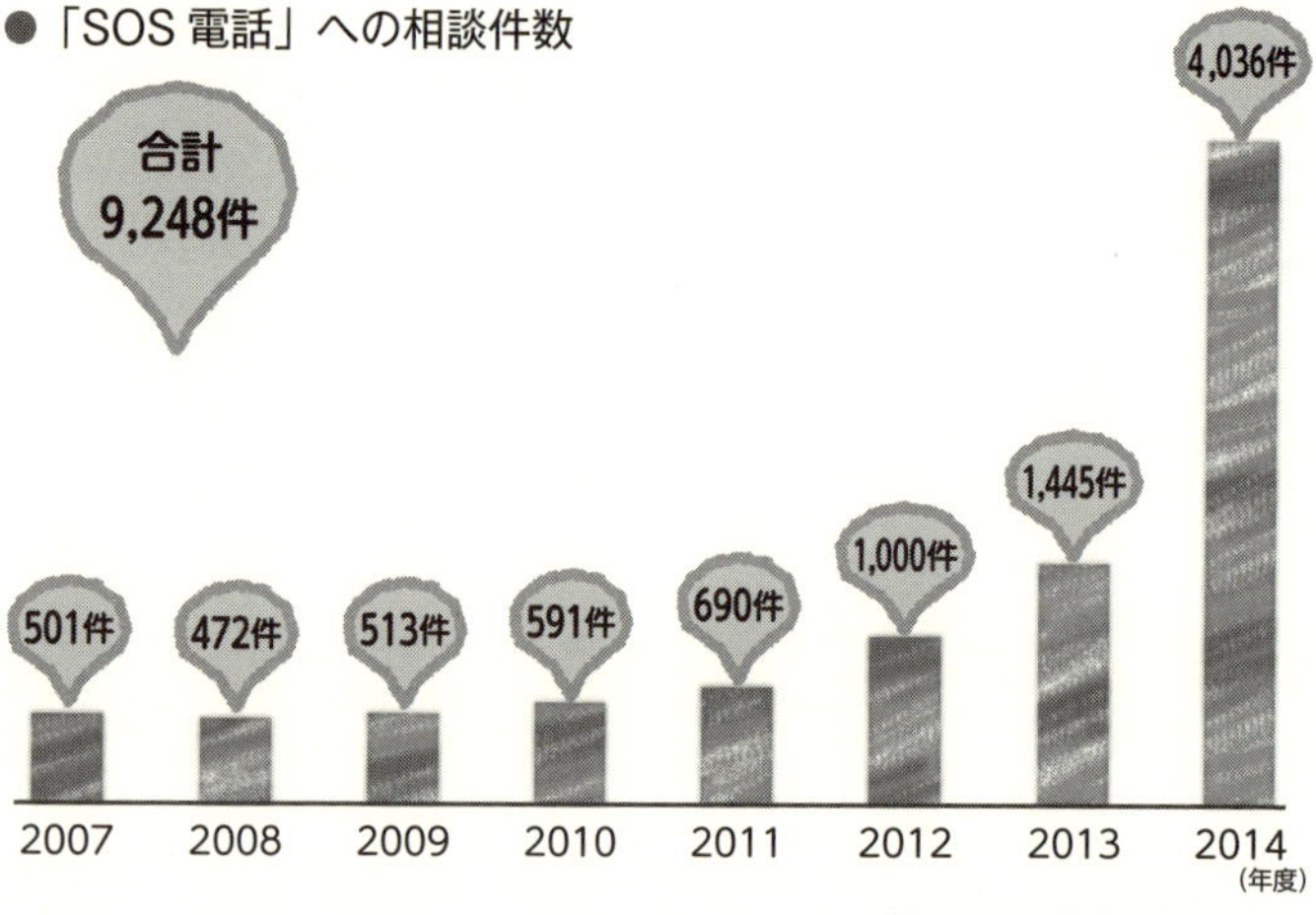

（熊本市の検証報告書より）

ご」にやってくる女性の、それ以前の救いの手だてとして必要な相談窓口です。慈恵病院では二〇〇二年から、妊娠で悩むお母さんのための相談をスタートしていたのですが（↓48ページ）、スタート当初は期間限定の試みで、相談件数は多いときで年間に二十数件ほどとあまり多くありませんでした。しかし、フリーダイヤルの「SOS電話」を設置してからどんどん増えはじめ、二〇〇七年度は五〇一件、二〇一四年度には四〇三六件と、急激に増えています。

「SOS電話」の相談件数が急上昇している状況を通して、私には、気になっていることがあります。「こうのとりのゆりかご」利用者の予備軍ともいえる、若者たちの軽はずみな行動です。

夜の繁華街を派手な化粧と服装で出歩く少女たち、携帯電話を片手に楽しげにおしゃべりに興じる若者たち……。こうした若者たちは、性についてどんな認識をもっているのでしょうか。一見ふつうにみえる子たちでも、予備軍となる可能性があるのではないかと、大きな不安をぬぐいさることができません。悲劇を生まないためにも、若年層の性について世の中全体で考えなければならないと痛感しています。

「SOS電話」の相談内容

「SOS電話」の相談者には、貧困や家庭崩壊《ほうかい》など深刻な状況にある人が多く、それも若年層が目立ちます。このため、内容の多くは一度の相談で問題が解決できるようなことではありません。懇切丁寧《こんせつていねい》に対応しなければ、相談者の悩みの本質がまったく見えてこないこともあるのです。

慈恵病院の「SOS電話」では、私はもちろん、助産師、保健師、看護師、社会福祉や児童福祉などの専門知識のある者が対応にあたっています。何よりも、人として慈しみの心をもって対応できる人でなければなりません。一歩踏み込んで相談者に寄り添う気持ち、これがとても大事なのです。

ここで、私が実際に相談を受けた事例をふたつ紹介しましょう。長くなりますが、具体的に丁寧に紹介していきます。もちろん名前は変えてあります。

一人目は、妊娠を誰にも言えずに一人で悩んでいた、関東在住の十六歳の高校生、まきさんです。まきさんご本人からではなく、彼女のお母さんからの相談でした。

「もしもし、娘が妊娠してしまって……まだ高校生なんです」

「受診はされましたか？」

「はい、近くの病院へ一緒に行ってきました。もう八か月だそうです。私、何も気がつかなくて。娘はずっと一人で悩んでいたんです。相手は中学の時の同級生です。私の両親は育てるなんてとんでもない！といっています。私はそうするしかないかなとも思っていたんですけれど……。すみません、母子家庭で相談できる人もいなくて……。私、何かおかしいなと思って、生理きてる？って、娘に聞いたんです。でもその時は娘がきてるっていったので、反対にちょっと安心しちゃって。それから一か月ほどして、娘が生理がないっていうものですから……。もう、ショックでしばらくは食事もできませんでした」

と、お母さんは、早口で一気に話されました。娘さんの変化に気づかなかった自分を強く責めていらっしゃいます。

　まきさんは三人きょうだいの長女で、お母さんは仕事をされていて、祖父母と同居されているそうです。

「ご本人はどんなようすですか?」

「ふさぎこんで部屋からなかなか出てきません。私も強いことをいってしまったし、私たちの気持ちも考えて、ますます悩んでいるようすなんです」

「高校の先生にはお話しされたんですか?」

「はい、子どもを産むとなると休みもとらなければならないし、友達関係も今までどおりというわけにもいかなくなるでしょうし、本人が環境を変えたいと思うなら、定時制に変えるという方法もあるといわれています」

　私は、お母さんの相談を受けているうちに、まきさんに産む意志があることがわかりました。すでに八か月ということから、特別養子縁組についてお話しさせていただき、はじめての電話相談を終えました。

　五日ほどたってから、その後のようすが気がかりで、こちらから、聞いておいた電話番号に連絡してみました。するとお母さんは、養子縁組をお願いする気になっているが、まだまきさんの気持ちの整理ができていないことや、産む場合には、近所の人の目があるので、慈恵病院に行って出産させたいことなどを話されました。

慈恵病院で出産となると、その間の住まいの問題など、さまざまなことを考えなければなりません。幸いちょうど夏休み前だったので、休みに入ったら一度受診に来られることをおすすめし、二週間後の来院をお待ちするということになりました。

それから二日後のことです。まきさんの赤ちゃんの父親にあたる男子高校生のお母さんから電話が入ったのです。

「うちも母子家庭なんです。あちらのお母さんの気持ちは痛いほどわかります。でも、何をしたらいいのか悩むばかりです。そちらで出産されるとお聞きしましたが……」

「率直に、そのお気持ちを伝えられたらいかがでしょうか。こちらに来るといっても、交通費、滞在費用、出産費用とたいへんな経費がかかります。そのあたりのご支援は、どうぞ配慮してあげてください」

と、私はお話ししました。

その後、約束の日に来院したまきさんにはじめてお会いして、私は、少し驚きました。まだ幼さの残った、ごくごく普通の高校生だったからです。白いオーバーブラウスを着ていたこともあり、お腹のあたりもさほど目立ちません。少しはにかんだ笑顔で、「よろしくお願いします」とはっきりあいさつしました。

「遠くまでたいへんだったわね。疲れたでしょう、まずは身体を休ませてあげようね」

と、私は彼女に声をかけました。

まきさんは公立高校に通っていました。まきさんの妊娠を知っているのは、担任の先生と校長先生だけだそうです。体調不良で休学扱いにしてもらい、出産後は復学を希望しているといった話を、私はそのときに聞きました。

少し休んだあとで、ただちに内診です。すると、すでに切迫早産の状況で、そのまま入院となりました。あまりにも急な展開に、まきさんは気持ちがついてこれません。それまでも緊張していたのでしょう。興奮して、泣きだしてしまいました。

しばらくして、まきさんがおちついたのを見て、お母さんはいったん自宅にもどることになり、まきさんは、一か月後の出産予定日まで、一人で病院で過ごすことになったのです。

出産までのあいだ、お母さんは週末にはまきさんの妹たちを連れてお見舞いにこられていました。お仕事をしながら関東から熊本県まで来るのは、さぞかしたいへんだったと思います。経済的にも大きな出費です。

あるとき、まきさんはこんな話をしてくれました。

「私、数学が得意なの、早く学校で勉強したいなぁ。みんなに遅れたくないし。それにね、クラブ活動、バスケット部なんだけど、レギュラーとりたいんだ」

私は、まきさんの話を聞いて、どうしてこんなことになっちゃったのだろうか、どうしてこんないい子が……と思わざるをえませんでした。

まきさんは、元気のないようすで窓の外に目をやっていることもありました。

「今日は勉強の気分じゃないの」といいながら涙を浮かべていたのです。

「うちはお父さんがいなくてたいへんなのに、私、心配かけてばっかり」

「私にも子どもがいるけど、お母さんって案外強いのよ」

と、私ははげましました。

「ねえ、まきさん、これからが大事よ。あなたが前向きに生きていくことがお母さんへの恩返ししよ。まだ、十六歳。頭もいいんだし、バスケットも好きなんでしょう。目標をもって生きていこうよ。私も応援するわよ」

その日はそのあとも、一時間くらい話したでしょうか。まきさんが出産したのは、数日後のことでした。

人工的に陣痛を誘発する人工分娩法《ぶんべんほう》で、無事赤ちゃんが生まれたその日、特別養子縁組で養親となるご夫妻は、分娩室の隣の部屋で待機されていました。壁一枚へだてて伝わってくる出産の苦しみや感動を共有していただくためです。ご夫妻は、手に汗握る思いで誕生の無事を祈られていました。生まれた赤ちゃんは、ただちに養親に託されました。

しばらくして、元気に退院したまきさんから電話がありました。

「高校に復学できることになりました。校長先生も担任の先生も守ってくれるって」

「よかったね。家族のみなさんに感謝しようね。それと、お母さんに親孝行するのよ」

「はい、いろいろありがとうございました。制服の写真送ります！」

後日届いた写真は、満面の笑顔のまきさんです。私の宝物が増えました。本当に良かった！「自分を大切にしてね」と、写真のまきさんの笑顔に話しかけました。

一方で、このように、支援がうまくつながる例ばかりではないという現実があるということも心に留めておいてほしいと思います。

まきさんのように、ごく普通の高校生が思いがけない妊娠に悩むケースは、現代の日本では、決して特別ではありません。慈恵病院へ寄せられた「思いがけない妊娠」の内訳は、「未婚の妊娠」に次いで二番目に「若年妊娠」が多いのです。

中学生の妊娠もあります。どうしてそんな幼い時に自分を苦しめるようなことをしてしまうのでしょうか？　普通の中学生・高校生が訳がわからないままに妊娠してしまうと、ごく当たり前の日常が完全に奪われてしまうのです。

私は、誰もが、自分がもっと価値のある存在であることに気づいてほしいと願っています。自分の将来は自分の手のなかにあるのですから。自分を大切にすることは、相手を大切にすることです。自分に大いに期待して、学習して、思考力や判断力を養ってほしいです。そして素敵な出会いをしてほしいのです。

二人目は、障害のある子を受け入れられなかったゆう子さんの場合です。ゆう子さんは二十五歳の専業主婦です。ご主人は二十九歳の会社員で、経済的にもたいへん恵まれた幸せなご夫妻です。ご両家にとっては、初孫の誕生でした。ゆう子さんは、妊娠による体調不調のなかでも、赤ちゃん誕生に胸躍らせて幸せに過ごされていたはずでした。そんなゆう子さんが「ＳＯＳ電話」に相談してきたのです。

「もしもし、あの……検診で子どもに障害があるといわれて……。私、とても、産めません」

「落ち着いてください。何の障害ですか？」

「口唇口蓋裂《こうしんこうがいれつ》といわれて……みんな、とても楽しみにしてるんです。それなのに障害児だなんて……」

「今、何か月ですか？」

「八か月に入りました」

「心配しなくても大丈夫、口唇口蓋裂のお子さんは、それほど特別ではないですよ。一緒に考えましょう」

口唇口蓋裂は先天異常のひとつで「みつ口」と俗称されています。口唇裂と口蓋裂とに分けられます。

ゆう子さんは、さっそく翌日に、ご主人と来院されました。障害があると告知されてから、ずっと葛藤されていたのでしょう。いてもたってもいられず、すぐに慈恵病院に来られたのです。

「たとえ障害があっても、神様から授かったこの命を育てなくては……。でも、果たして育児の経験のない私に障害児を育てられるのだろうか？　愛することができるだろうか？　家庭がめちゃくちゃになってしまうのでは……」

ゆう子さんの疲れ切った表情からは、思いつめた気持ちが手に取るようにわかりました。ご主人は見るからにとても優しそうな方で、そんな奥様の気持ちを抱え込んで悩んでおられるごようすでした。

私は、障害のある赤ちゃんを受け入れられないゆう子さんの気持ちを察し、担当医から口唇口蓋裂について丁寧に説明してもらいました。

口唇裂は口唇（くちびる）に裂《さ》け目が生じる病気のことです。赤ちゃんの顔は、お母さんのお腹のなかでいろいろな突起（顔面突起）が組み合わさってつくられます。生まれてくるまでに口唇（くちびる）の部分がくっつかなかった状態を口唇裂といいます。また一方、赤ちゃんはお腹のなかにいる時、鼻腔《びくう》（はな）と口腔《こうくう》（くち）の境がありません。だいたい胎生《たいせい》の九週ごろに、左右の口蓋突起ができて口蓋（あご）がつくられます。この口蓋突起が最後までくっつかなかった状態を口蓋裂といいます。種々の環境要因が関与して発症しますが、まだ明確な原因はわかっていません。日本では五百人～七百人に一人が発症し、特別な病気ではありません。それに成長の過程で手術を受け、機能訓練をすれば、言語障害もないことが多いのです。

担当医から説明を聞いたゆう子さんは、静かに話しはじめました。

「双方の親がとっても楽しみにしてるんです。私の母には、障害があるかもしれないと伝えましたが……」

「ご主人のお気持ちは？」

「ぼくは二人で頑張ればきっと大丈夫だと……。でも、妻の気持ちがいちばん大事です。いつも赤ちゃんと一緒にいるのは妻なのですから……」

「私、絶対に無理です。赤ちゃんの顔を見るのも恐ろしいです。両親には死産だったといいます……。先生、養子縁組をお願いします。そのためにこの病院で産むんです。この子を可愛がって育ててくれる方にお願いしたいんです。私、とっても愛せそうにありません」

そういうゆう子さんを見て、気持ちがすぐに変わることは期待できないと判断した私は、次のようにいいました。

「今、結論を出すのはやめましょう。ただ、両親に隠し通せることではありませんので、ご両親にもご相談してみてください」

その後、ゆう子さんがご両親にどのように説明されたか、私の耳には聞こえてきませんでした。

何度かカウンセリングを重ねましたが、ゆう子さんの気持ちは変わることなく、分娩の日を迎えたのです。自然分娩で二四九二グラムと、ちょっと小さめでしたが、出産時のトラブルもなく母子ともに元気でした。女の子で、たしかに口唇口蓋裂がありました。

「とても可愛い赤ちゃんですよ」

と、ゆう子さんに声をかけました。

しかし、ゆう子さんは赤ちゃんを見ようとしません。せめてもと、ご主人に赤ちゃんとの面会をおすすめしましたが、「妻と一緒に会います」と、戸惑った表情でいわれました。

ご両親の気持ちが落ち着くまで、新生児室で赤ちゃんのようすを観察することになりました。たしかに唇に障害がありますが、私の腕に抱かれた赤ちゃんは、天使そのものでした。

ゆう子さんは次の日も、「赤ちゃんに会う勇気がありません」「育ててくださる方を、はやくさがしてください。子どもがどうしてもほしい方なら、やさしくしてくれると思います。その方が幸せです」などといい、気持ちが変わるようすは、まったくありませんでした。

私はしかたなく、慈恵病院の特別養子縁組について、くわしく説明をしました。その内容は、ゆう子さんには、ショックだったかもしれません。

「養子縁組は、ご自分では育てられないお母さんが、お子さんの命をつなぐために他人に養育を託すものです。お母さんが未成年だったり、生活苦であったり、レイプにあって生まれた命もあります。そういった場合の救済策が養子縁組なのです。ゆう子さんは、それらのどれにもあたりません」

「……」

「あなたの場合は、育てられないではなくて、育てたくない、自信がないというものです。人として倫理的にどうでしょうか？　私たちもしっかりサポートします。あせらなくていいですから、ご主人と十分話し合ってください」

そういって、私は退室しました。

それからおよそ一時間ほど経ったころ、お二人から申し出がありました。

「赤ちゃんに会ってみます」

私は祈るような気持ちで、赤ちゃんをゆう子さんの腕に渡しました。

ゆう子さんはしっかりと赤ちゃんを見つめ、「可愛い！」と、一言いいました。

赤ちゃんに何かを話しかけているゆう子さんの声は、心なしか震えていましたが、すでにお母さんの声でした。

すると、その姿を見ていたご主人が、吹っ切れたようにしっかりとした口調でおっしゃったのです。

「二人で育てます」

その場にいた病院のスタッフは、みんなで肩を抱き合って喜びを分かち合いました。

後日、ゆう子さんに聞いてみました。

「何がゆう子さんの気持ちを変えたの？」

「田尻さんは待ってくださいました。私がこんなにわがままをいっているのに、待ってくださいました。自分で育てなさいとはおっしゃらなかった。それで、気持ちが楽になったんです。ありがとうございました」

その後、赤ちゃんは成長に合わせて手術を受け、機能訓練を重ね、言語障害もなく元気に成長しています。

妊婦さんに胎児の障害について告知をする時には、細心の注意が必要です。

妊婦さんの健康状態、精神状態を確認し、障害とその治療法などについて最新の知識と情報を共有する必要があります。妊婦さんが抱えこまないように、パニックにならないように、前向きに支えることが重要です。また、「障害児」という言葉のもつ社会的な偏見についても変えていかなくてはならないのです。

相談を受ける時に、いちばん大切にしていることがあります。それは、どんな時も相手を責めないということです。ゆう子さんの場合もそうでした。

私は、相談を受ける時には、限りなく耳を傾けて共感し、寄り添い、親身になりたいと思っています。

「SOS電話」を開設して以来、一万件近い相談のなかで、妊娠葛藤相談は、三五二〇件ほどです。そのうち、自分で育てることになったお母さんは三二四人。数字でみると一割に満たないものの、これは、すばらしい成果です。尊い赤ちゃんの命とそのお母さんの生き方に寄り添った結果の数字だと思っています。女性の生き方が、相談によって変わったのです。

緊急の相談も

「SOS電話」には、緊急の相談もあります。たとえば、

「赤ちゃんが家で生まれてしまいました！　どうしたらいいですか！」

そんな場合、私はこうお答えします。

「冷静になってね。いいですか。木綿糸《もめんいと》はあるかしら？　木綿糸で赤ちゃんのおへそから二センチくらいのところを結んでください」「それから、胎盤はビニール袋に入れて病院へもっていってね。とても大事です」と。


胎盤は、赤ちゃんが生まれた証明になります。病院でお産に立ち会っていない場合、医師は出生証明書を書けません。すると、かわりに申述書という書類を書いて、医師の診察書と合わせて法務局に提出します。その後、法務局から調査に来て、やっと申請が受理されて戸籍ができるのです。そのため、「胎盤はビニール袋に入れて病院へ持っていって」となるわけです。

通常の出産ができなかったために、出生証明書をもらえないなど、さまざまな苦

労を抱えてしまうことになります。命の誕生は、生命的な一大事であるばかりか、社会的・法律的にも本当にたいへんなことなのです。

妊娠相談の重要性

さて、私が受けたふたつの具体的な相談内容と緊急相談の例を紹介しましたが、みなさんはどのように受けとめられたでしょうか？

「こうのとりのゆりかご」ができたこと、フリーダイヤルによる「ＳＯＳ電話」が開設されたことから、日本でも相談の重要性が評価されてきたのは確かです。

二〇一一年七月には、厚生労働省から「妊娠相談ＳＯＳ」の開設を求める通達が全国の自治体に対して出されました。その結果、二〇一六年三月の調査で、自治体関連の「妊娠相談ＳＯＳ」窓口が全国に三十か所できました。しかし、まだまだ足りません。今後さらに相談窓口が増えることが求められています。

行政の相談窓口には時間制限がありますが、その点も改善していかなければなりません。慈恵病院のように二十四時間体制でやっていただきたいのです。

　私は電話の向こうの相談者に「相談員の田尻といいます。この電話は私の専用なので、二十四時間いつでも安心してかけてくださいね」と語りかけています。いつでも相談できる相手がいる、困った時には最初にかけた人が出てくれる、それだけでもつながりができたと感じ、相談者の気持ちは少しは楽になるはずです。

慈恵病院でともに働いたシスターと仲間たちと（右端が筆者）。

二十四時間フリーダイヤルが理想

下のグラフを見てみましょう。相談時間は、十七時から二十四時が三二%、午前〇時から九時が一五%で、ふたつの時間帯の合計は四七%と、通常の勤務時間外の相談件数がかなり多いことがわかります。

ここに、二十四時間フリーダイヤルの重要性があります。特に、深夜の相談は深刻になりがちなので、より丁寧に気持ちをくみとらなければと思って、対応しています。

熊本市は、二十四時間の妊娠相談窓口を、二〇〇七年四月に全国ではじめて開設しました。他の行政もこれに続いてくださることを期待したいです。

●相談窓口を利用する時間帯

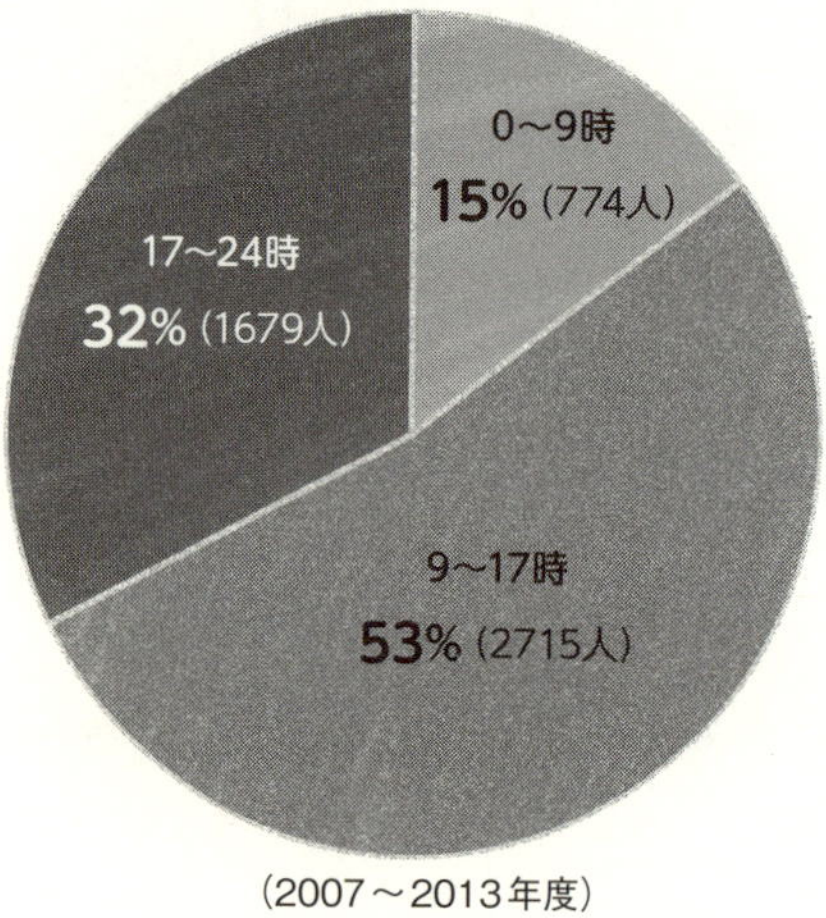

(2007～2013年度)

相談者には若い人が多い

相談者の年齢について、下のグラフを見てみましょう。二十代、三十代の相談者が多いのはもちろんですが、十五歳未満が一％、十五歳から十七歳が九％、十八歳から十九歳が一一％と、十代からの相談が二一％を占めることがわかります。なかにはなんと小学校五年生からの相談もありました。

グラフからは、まだ未熟な義務教育中の子どもや、将来のある学生が苦悩している現実が見えてきます。

●相談者の年齢

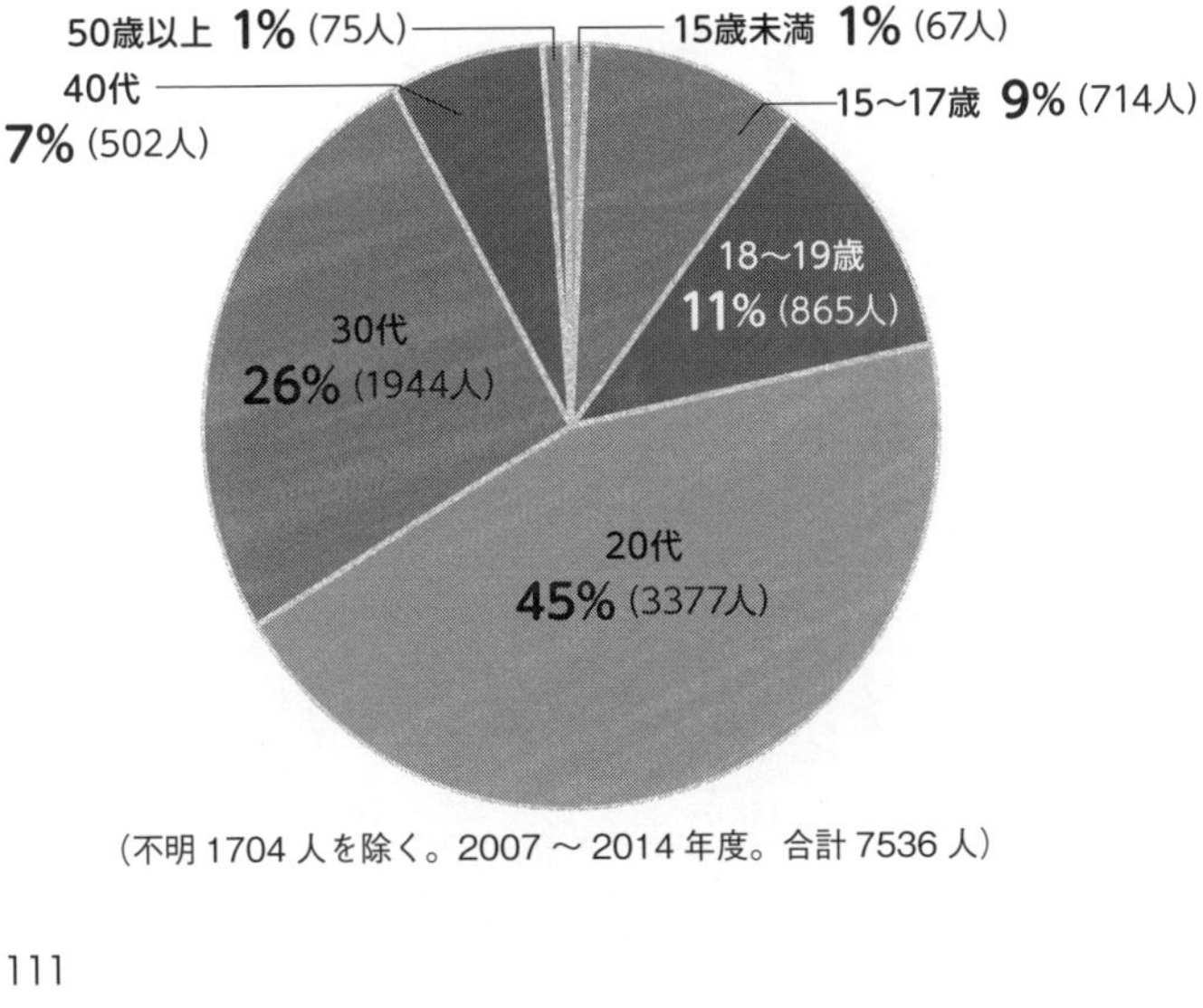

（不明 1704 人を除く。2007 〜 2014 年度。合計 7536 人）

相談者は中学生から

下のグラフは相談者を職業の有無別に見たものです。学生が二六%、無職が三六%で合計が六二%にもなります。

生活能力のない人たちが、誰にも相談できず、深刻な悩みを一人で抱えている姿が想像できます。

家族に相談して道が開ける場合はよいですが、二人で、あるいは一人で悩み苦しんでいる人たちが多いのです。

悩みを抱えこむことは、84ページに記したような悲劇にもつながりかねないのです。

●相談者の職業の有無

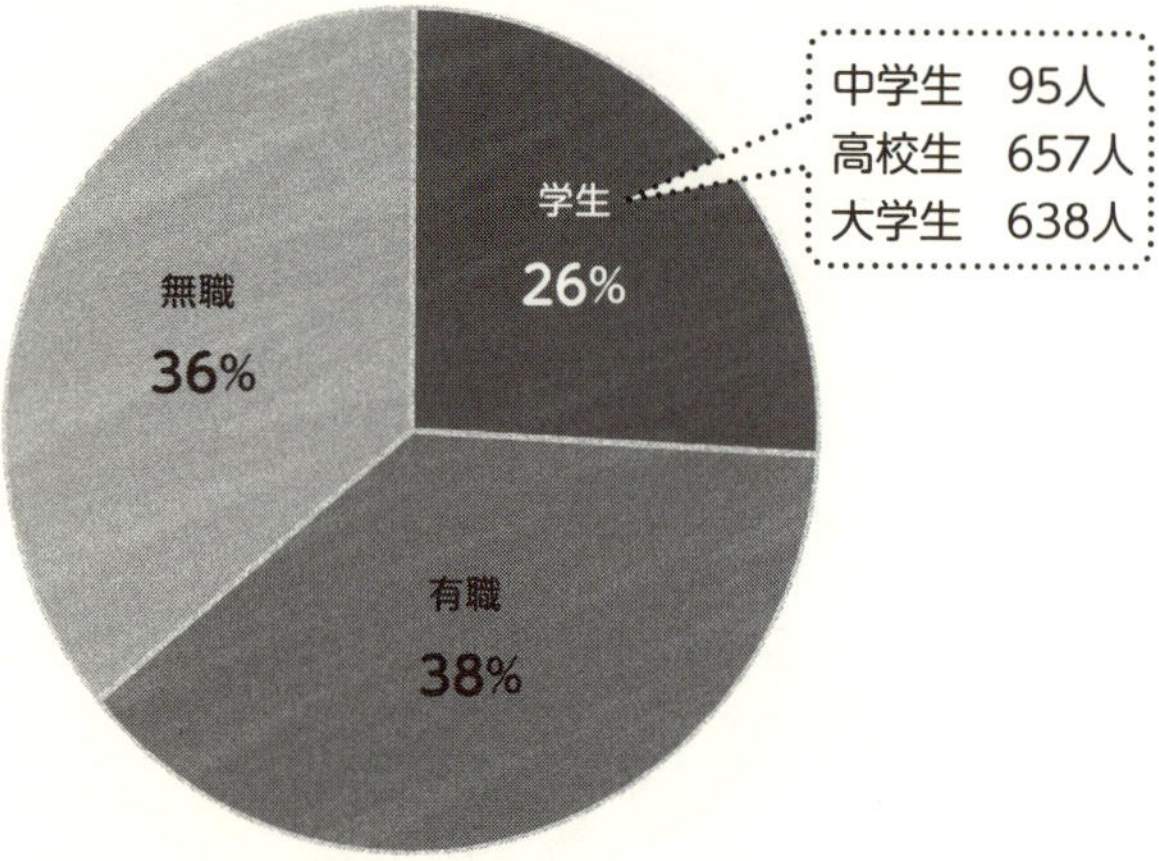

（不明 3157 名除く。2007 ～ 2014 年度）

相談内容で多いのは？

相談内容で多いのは「妊娠について」と「思いがけない妊娠」です。

「思いがけない妊娠」の内訳としては、「未婚の妊娠」が圧倒的に多く、「若年妊娠」もそれに続いて多くなっています。

ある日、こんなことがありました。

「こうのとりのゆりかご」のインターホンが鳴ったので、私は大急ぎでかけつけました。すると、そこにいたのは、赤ちゃんを抱えた若い女性と男性でした。私は応接室に二人を通して、事情を聞きました。

●相談内容

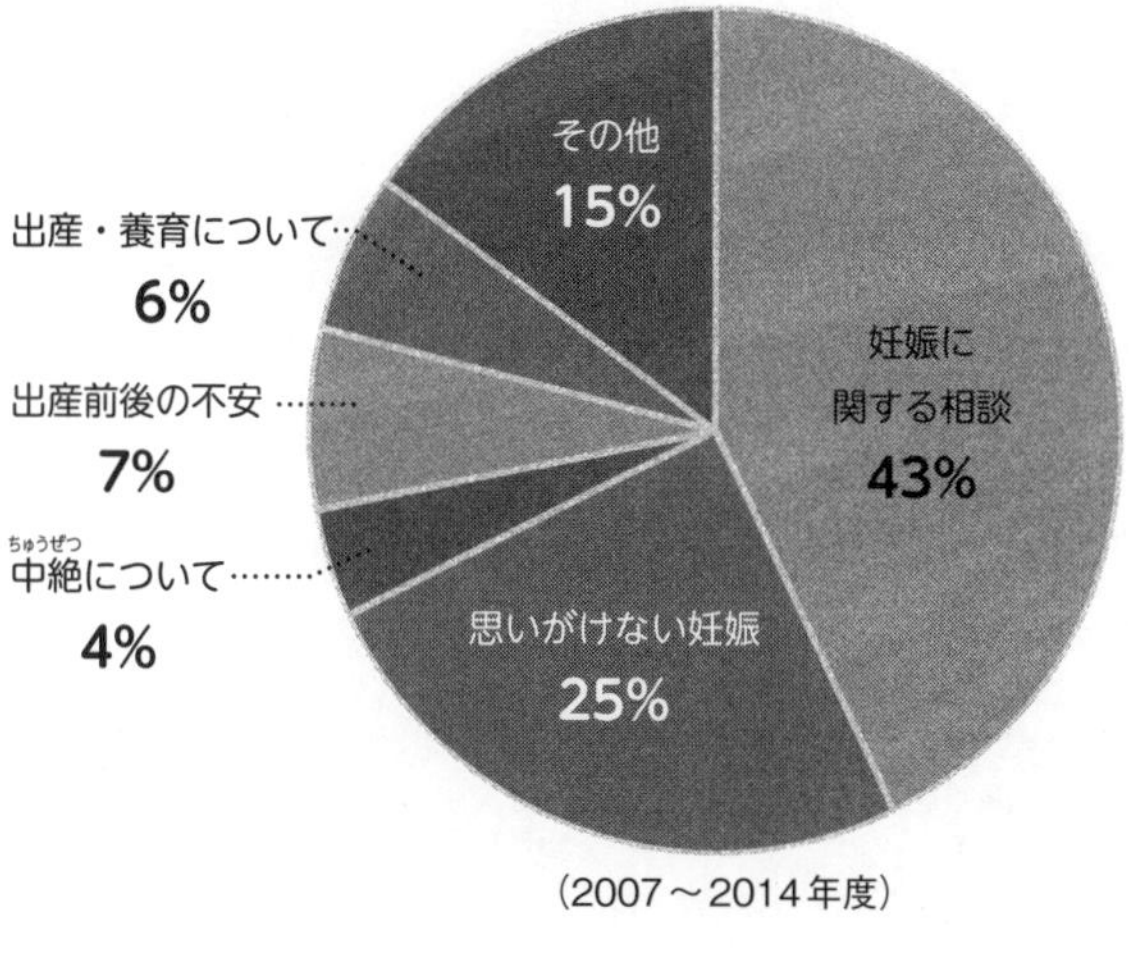

（2007～2014年度）

二人はお付き合いをしていて、妊娠したことを双方の両親に話しましたが、どちらの親も、二人がまだ若く、経済力もないことから、出産を認めなかったそうです。それで、二人でひっそりと暮らして、とうとう病院にもいかずに、自宅で出産してしまったのだそうです。なんとか助けてほしいと、話に聞いていた「こうのとりのゆりかご」にたどりついたということでした。

私は、二人から親御さんの連絡先を聞き、電話をかけました。

すぐに女性の両親が迎えにいらっしゃいました。赤ちゃんを抱いている

●「思いがけない妊娠」の内訳

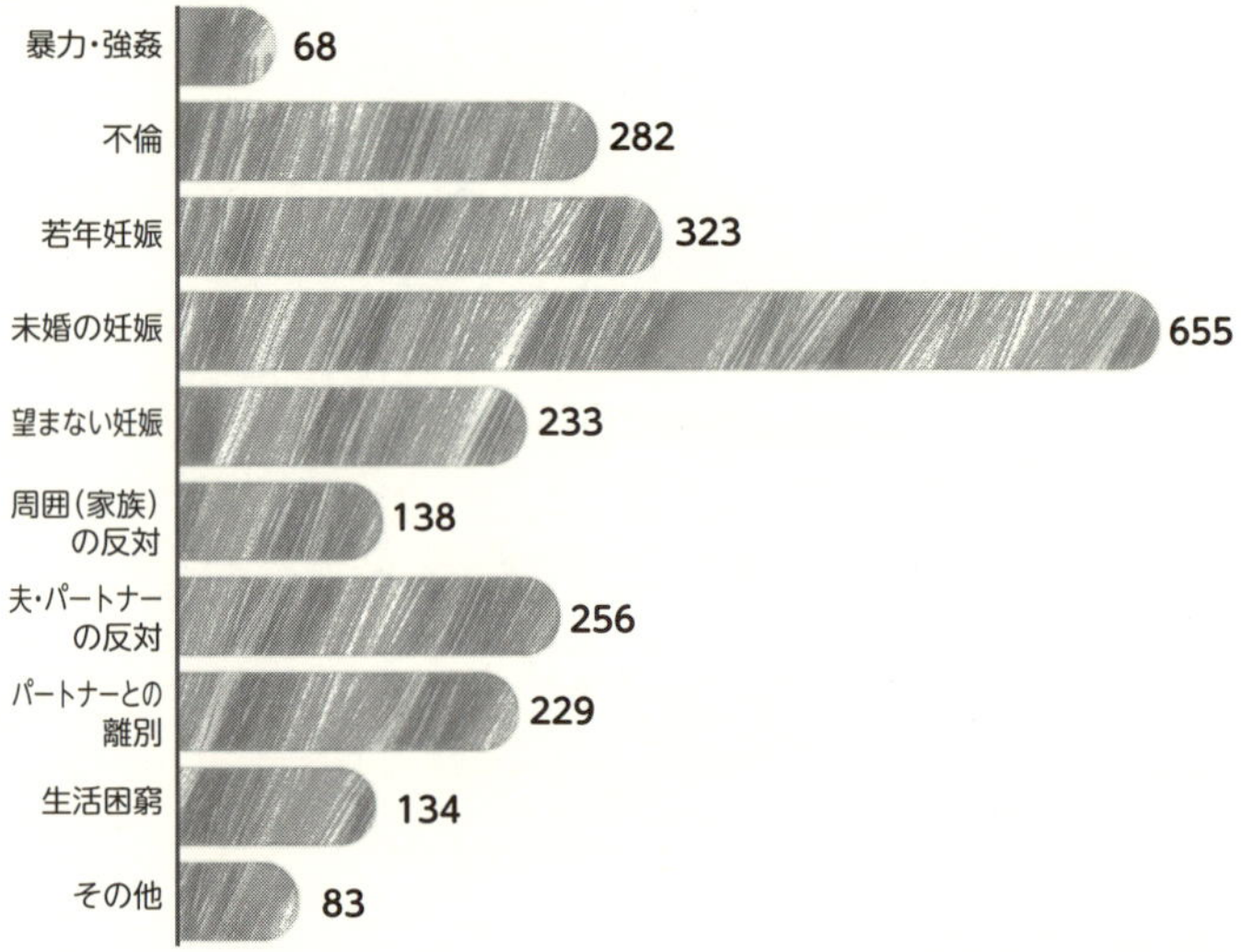

（2007 ～ 2014 年度）

娘さんの姿を見た、お母さんの言葉は、今でも鮮明に覚えています。

「よくぞ無事に生まれてここまでたどり着いた。こうのとりのゆりかごがあって本当によかった」

機能していない相談窓口もある！

慈恵病院の「ＳＯＳ電話」には、「どこに相談したらいいですか？」といった質問も多く寄せられます。そうした場合、相談者の居住地の相談機関を紹介することもあるのですが、その相談者から再度電話がかかってくることもあります。

「自分の気持ちが伝わらなかった」「育てられないので相談したのに『自分で育てるのがいちばんです』ととりあってもらえず、困って電話した」などというものばかりか、「『生まれてから来てください』と相談にのってもらえなかった」という声も聞こえてきます。

そういう話を聞くにつけ、私は、ひとつの病院だけで解決できることではないことを痛感します。ひとつの病院が、二十四時間三百六十五日対応の電話相談を継続することは、スタッフの人数の面でも非常にたいへんです。

それでも、先に述べたように、相談で救える命があることを考えると、フリーダイヤルの電話相談の大切さや重大さ、必要性は明白です。

妊娠ＳＯＳ相談窓口は、二〇一六年三月現在全国に三十か所あり、自治体が直接開設したり、自治体の委託を受けた助産師会やＮＰＯ《エヌピーオー》が運営したりしています。このうち、二十四時間対応をしているのは、全国の自治体で熊本市ただひとつだということは、110ページでもふれました。

また、慈恵病院のように、自治体の事業とは別に妊娠ＳＯＳ相談を受けているところが五か所あります。これをきっかけとして、全国の問題として取り上げ、国レベルの政策としてとらえなければならないのではないでしょうか。二十四時間相談窓口を各地に設置し、妊娠で悩む女性のために手をさしのべて、育児支援につなげていかなければならないと、私は強く感じています。

児童虐待に関する電話相談

ここで、二〇一二年度の児童相談所における児童虐待相談の状況をグラフで見ていきましょう。

虐待の種類別では身体的虐待が三五・三％と最も多く、次いで心理的虐待が三三・六％となっています。虐待者別では、六〇％近くが実母です。次いで実父が

●児童相談所による児童虐待相談対応の内訳（2012年度）

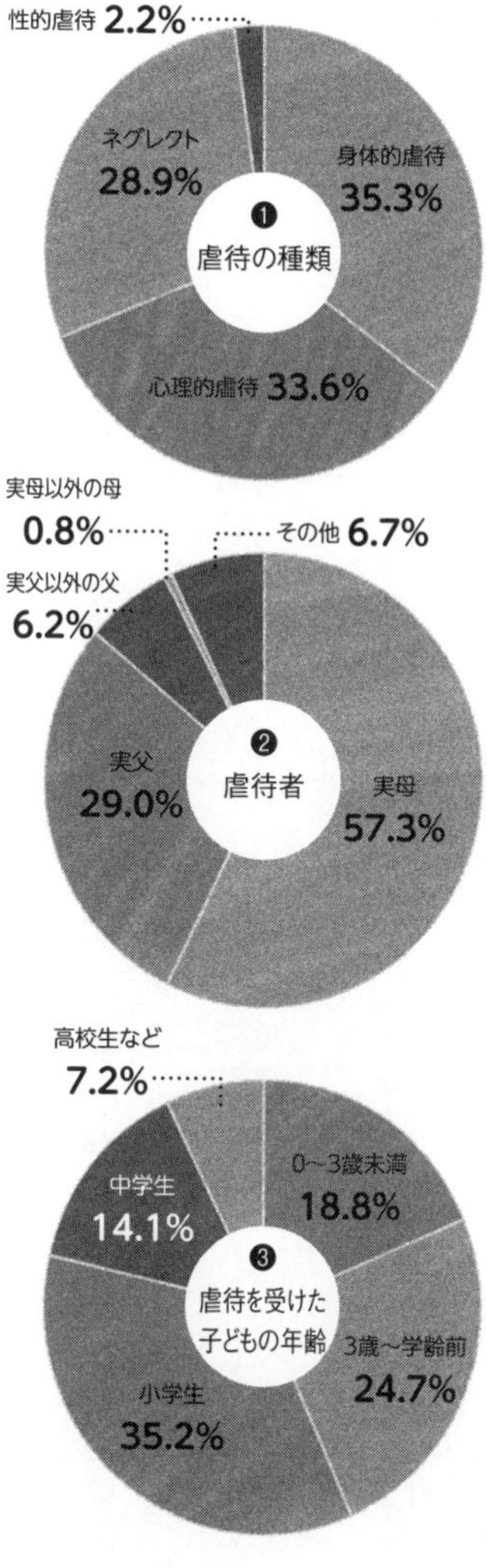

（厚生労働省ホームページより）

二九・〇％で、父母の合計は八六・三％にも達しています。虐待《ぎゃくたい》を受けた子どもの年齢は、小学生が三五・二％と最も多く、次いで三歳から学齢前が二四・七％、ゼロ歳から三歳未満が一八・八％となっています。

家庭ではどんな闇《やみ》を抱えているのでしょうか。これらの結果から察するに、私には非常に深刻で痛ましい、子育ての状況が想像されます。

こうした状況を知れば知るほど、育児をするお母さんの孤立化が深刻な問題につながりかねないことを感じます。地域から切り離されてしまっている状況に対し、とても心が痛みます。

もし、誰か一人でも、お母さんの悩みに耳を傾けてあげられれば、何か救いの手立てがあるかもしれません。ここにも、「ＳＯＳ電話」の大きな役割があると思います。

電話相談が急増する背景

「SOS電話」では、十代の妊娠、未婚の妊娠に関する相談の比率が高いことはすでにふれました。若い相談者に、親として赤ちゃんを養育する経済力がなかったり、また、子育てをしていく上での知識や知恵がなかったりするのは、しかたのないことです。だからこそ、「SOS電話」のようなシステムが必要です。

相談する人も頼れる人もなく出産する若い女性の身になってみると、不安でしかたないことでしょう。運よく出産できても、すぐに子育てに行き詰まってしまうことも考えられます。虐待のリスクも間違いなく高まるのではないでしょうか。

虐待する人は、自分自身が幼少期にひどい仕打ち（虐待）を受けていた場合が多いということがわかっています。子どものころに満足な愛情をかけてもらえずに大人になってしまい、自分の子どもにも同じようなことをしてしまうのです。

虐待を受けている子どもを保護するだけでは、問題は解決しません。良好な親子関係を修復できるように、家庭を見守り、支援することが重要です。

そうしたことに取り組んでいる行政機関のひとつが児童相談所です。そこには、児童福祉司といわれる専門家がいて、虐待問題をはじめ、子どもに関するあらゆる相談がもちこまれます。養育困難、障害、非行、不登校など、どれも切実な相談ばかりです。しかし、実際にはそうした多くの問題に関して、児童相談所がひとつずつ丁寧に対応できるかといえば、そうではありません。児童福祉司などの専門家の人数は限られているので、充分対応しきれないケースがあるのも現実です。こうした現実も、じつは「SOS電話」の件数が急増する背景になっているのです。

厚生労働省では、虐待防止のための24時間相談窓口「児童相談所全国共通ダイヤル」を設けている。

第五章　すべての子どもたちに幸福を

児童憲章はあるけれど……

一九四五年に第二次世界大戦がおわりましたが、当時はまだまだ戦後の荒廃により、児童の健全な成長を害する事件が後を絶たない状況が続いていました。

そうしたなかで、一九四七年、児童の健全な育成を図るため、「児童福祉法」が制定されました。そして一九四八年、五月五日が「子どもの日」となり、それに続いて一九五一年五月五日、児童のための「児童憲章」が制定されました。「憲章」とは、重要で根本的なことを定めた取り決めのことです。

児童憲章の前文には、「児童に対する正しい観念を確立し、すべての児童の幸福をはかる」と書かれています。条文には、

「すべての児童は、心身ともに、健やかにうまれ、育てられ、その生活を保障される」

「すべての児童は、家庭で、正しい愛情と知識と技術をもつて育てられ、家庭に恵まれない児童には、これにかわる環境が与えられる」など、すべての児童が幸福

になるための権利があげられています。

ところで、日本では「こうのとりのゆりかご」に預けられた赤ちゃんは、その後、児童養護施設で養育されることが多いのですが（→83ページ）、諸外国ではちがいます。親に恵まれない子どもは、里親の元で育ったり、養子として育つことが、日本とくらべて格段に多くなっています。その割合は、日本ではわずか一二％であるのに対し、ドイツは五〇・四％、アメリカは七七・〇％、オーストラリアでは、なんと九三・五％だということです。

蓮田先生は、「こうのとりのゆりかご」に預けられた赤ちゃんが児童養護施設に移されることについて、たいへん心配されています。そのことを、『「こうのとりのゆりかご」は問いかける〜子どもの幸せのために〜』（熊日新書、二〇一三年）から少し長くなりますが引用させていただきます。


子どもが預けられると全て児童相談所を通して乳児院、三歳になると児童養護施設へ移され、そこで十八歳まで育てられる。特別養子縁組で、家庭で育てられることが、極めて少ないという現実に対する認識がなかった。施設の職員の方々は、自分の勤務時間内で子ども達に一生懸命に尽くしておられることは重々承知しているが、その方々が労働基準法によって子どもとともに過ごせる時間は一日のうちでも限られており、勤務交替をしなければならない。また結婚、その他で職場を辞めていかれる方もおられるであろう。そのとき、自分の親と思っていた人がいなくなることは、子どもにとっては言葉で言い尽くせないほどの悲しみであり、寂しさであり、後を追い求めるのではないかと思う。さらに子どもにとってつらいのは、三歳になると児童養護施設に移ることである。そこでは職員の方の数も乳児院に比べるとより少なくなっており、しかも児童養護施設には、虐待を受けて入所している子ども達が多く、今までの乳児院とは雰囲気が

2013 年、慈恵病院の編・著で熊本日日新聞社から出版された。

大きく違っていることが考えられる。結局、そのように施設を移るということは、親と思った人から強制的に引き離されることになり、子どもが長い間泣き続けるという。なんとむごいことであろうか。幼少のときにそのような環境にあったら成長してどういう思いを持つであろうか。そして、ゆりかごに預けられた子どもであるということが分かった場合に、親が命を助けるために産後の疲れた体で遠いところを必死の思いで連れてきたということを話したとしても、簡単に納得できるであろうか。

（中略）

さらに言うならば、現行制度では十八歳になったら施設を出て自立しなければならない。社会の現状を考えるとき、果たして若者が一〇〇％就職できるであろうか。また、進学したいという希望を持っているときに十分な支援が得られるであろうか。仕事を求めても得ることができず貧窮に陥るようなことになれば、犯罪を犯さざるを得なくなることもあるだろう。その子どもの将来はどうなるのだろうか。政府も関係者もそのようなことを十分考えてほしい。

（中略）

日本の社会には、不妊のため治療を受けながら悩み苦しんでいる人達が多数おられる。そのような方々の子どもに対する憧れ、思いは極めて強いものがあり、その方々が子どもを育てるのに適格であれば、親が育てられない子ども達を育ててもらいたいと思う。愛情あふれる家庭で特別養子縁組として育てられている子どもの姿を見ると、子どもはいきいきとして明るく、優しく、元気に育ち、親子の幸せな姿が見られる。

この文章を読むと、私には、蓮田先生の深いお考えと共に、非常に残念な思いがこめられているように伝わってきます。

じつは、「こうのとりのゆりかご」の設置と前後して、養子がほしいという方（養親）の相談が急増し、二〇〇六年には、四百～五百件もありました。この数は、それ以前とはくらべものにならない多さでした。

慈恵病院には、日本じゅうから手紙がきます。そこには、子どもに恵まれず、それでも子どもを実子として養育したいという切実な思いが書かれています。しかし、里親制度や特別養子縁組制度の行政の壁が非常に厚く立ちはだかります。登録の手続きや面会交流、養親となる研修などに時間がかかり、養育したいという思いは、簡単に実現できることではありません。

慈恵病院では、私たちが一件一件に対して「こうのとりのゆりかご」の仕組みを説明したり、病院としては地元の児童相談所にゆだねなければならないことを伝えたりしてきました。ところが少し以前ですが、こうした行政の壁をやぶる事例が生まれたのです。

一九八五年五月に愛知県の児童相談所管内で起きた、赤ちゃん置き去り事件の際の、市長のすばらしく柔軟な対応です。

早朝、ある総合病院の待合室の椅子の上に、へその緒《お》がついたままの裸の赤ちゃんが、バスタオルに包まれて置き去りにされていました。職員が発見し、ただちに産科病棟で診察したところ、特に異常はなく、すぐに警察と福祉事務所に連絡されました。

その赤ちゃんの処遇について、ある児童福祉司さんが、養子縁組前提で里親に託すことがいちばんよいと提案されたのです。

その児童相談所管内では、それまでも「赤ちゃん縁組・里親委託」の成功例があったことから、提案は了承され、すぐに養子縁組の方向で動きだしました。

幸い隣接する市に、子どもに恵まれず里親登録している三十代の夫妻がいました。打診すると「ぜひ、私たちに」といううれしい返事がきました。

通常、置き去りにされた赤ちゃんに関しては、保護者が判明しない限り、発見場所を管轄する地方自治体の首長が命名して、棄児発見調書に基づく単独戸籍をつくることになります。しかしこのときは、市長が、児童相談所の申し入れを快諾されたのです。そして養親が希望した女の子の名前だけでなく、養親の本籍地、現住所、名字まで考慮して戸籍を調整してくださったのです。

このようにスムーズに運んだのは、その市長の柔軟な対応によるものでした。これには養親をはじめ、すべての関係者が感動したといいます。現在も、その自治体の妊婦の相談窓口は、広く県民に開かれていると聞いています。

一方で、次のような相談を受けたこともあります。

生まれてくる赤ちゃんを育てられないと所轄の児童相談所に相談したけれど、「生まれた赤ちゃんは乳児院に保護するので、生まれてから来るように」と、相談を保留にされてしまったというものです。また、養子縁組について聞くと、「障害の有無も分からない赤ちゃんでは、養子縁組・里親委託に応じられない」といわれたという話も聞きました。

こんなことで相談に応じたといえるでしょうか？　私は、それを聞いて、怒りを禁じえませんでした。相談の一件一件に真剣にかかわること、これが窓口となった人の最低条件のはずなのですが、どうしてこんなことがおこるのでしょう。これでは児童憲章があることの意味まで疑いたくなります。

児童養護施設出身者に支援の手を

しかし、それでも明るい変化もあります。次に紹介するのは、東京都世田谷区の児童養護施設退所者に向けた支援の例です。

東京都世田谷区では、二〇一三年四月に「若者支援担当課」が創設されました。そして二〇一六年度からは、児童養護施設退所者や、里親から巣立って大学などに進学する若者に向けての支援プログラムがスタートしました。

この支援活動には、「住宅支援　区営住宅内の空いていた旧生活協力員居住室を安い賃料で提供」「居場所支援　地域の人たちや仲間同士の情報交換の場所の提供」「奨学金支援　基金を創設し、寄附により奨学金を給付する」の三種類があります。

その案内文にはこう書かれています。

「〜せたがや若者フェアスタート事業〜

児童養護施設を巣立つ若者を応援します

すべての若者が同じスタートラインに立ち

未来を切り開いていくために」

こうした児童養護施設退所者支援は、東京都内では世田谷区が初めての試みとなりました。しかし、東京以外では、世田谷区よりも先例があったのです。京都市では家賃補助が、長野県では給付型奨学金制度が導入されています。こうした行政の努力を知ることは、私にとって、たいへん気持ちが明るくなることです。

　蓮田先生も前出の著書で述べられているように、児童養護施設から十八歳で巣立った子どもたちは、いきなり社会での自立を

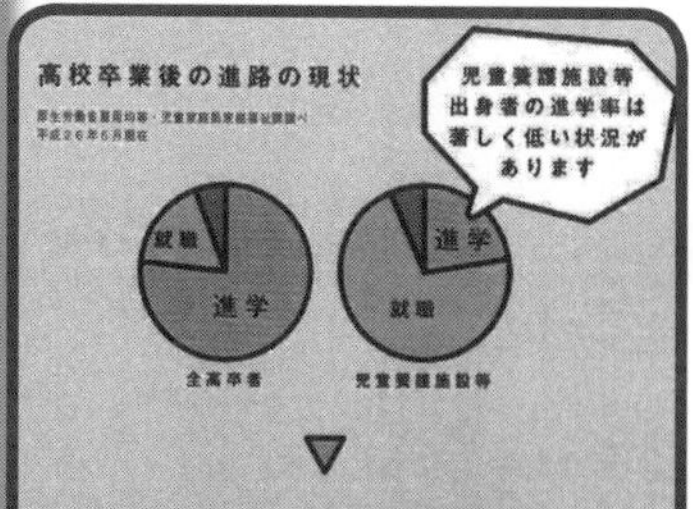

東京都世田谷区の児童養護施設退所者等奨学基金の創設を告知するリーフレット（左）。中面（右）では、児童養護施設退所者の高校卒業後の進路状況なども紹介されている。

余儀なくされます。

想像してみてください。社会経験もなく頼れる身寄りもない子どもたちは、どのようにして自立できるのでしょうか。せめて何らかの自立支援制度のようなものがあればと思わざるをえないのです。

貸付型が多いなかで、世田谷区が支援する返済不要の奨学金はありがたいことでしょう。

児童養護施設出身者の高校卒業後の大学、短期大学、専門学校などへの進学率は二二・六％（全高卒者の進学率は七六・九％）です。また、たとえ進学できても、学費や生活費の捻出《ねんしゅつ》に苦労し、働きすぎて体調をくずしてしまったり、生活費をまかないきれずに生活が追いつめられたりしてしまう実態もあります。

世田谷区の例が、全国的に波及効果を生むことを願っています。

第六章　「命のバトン」をつなぐ

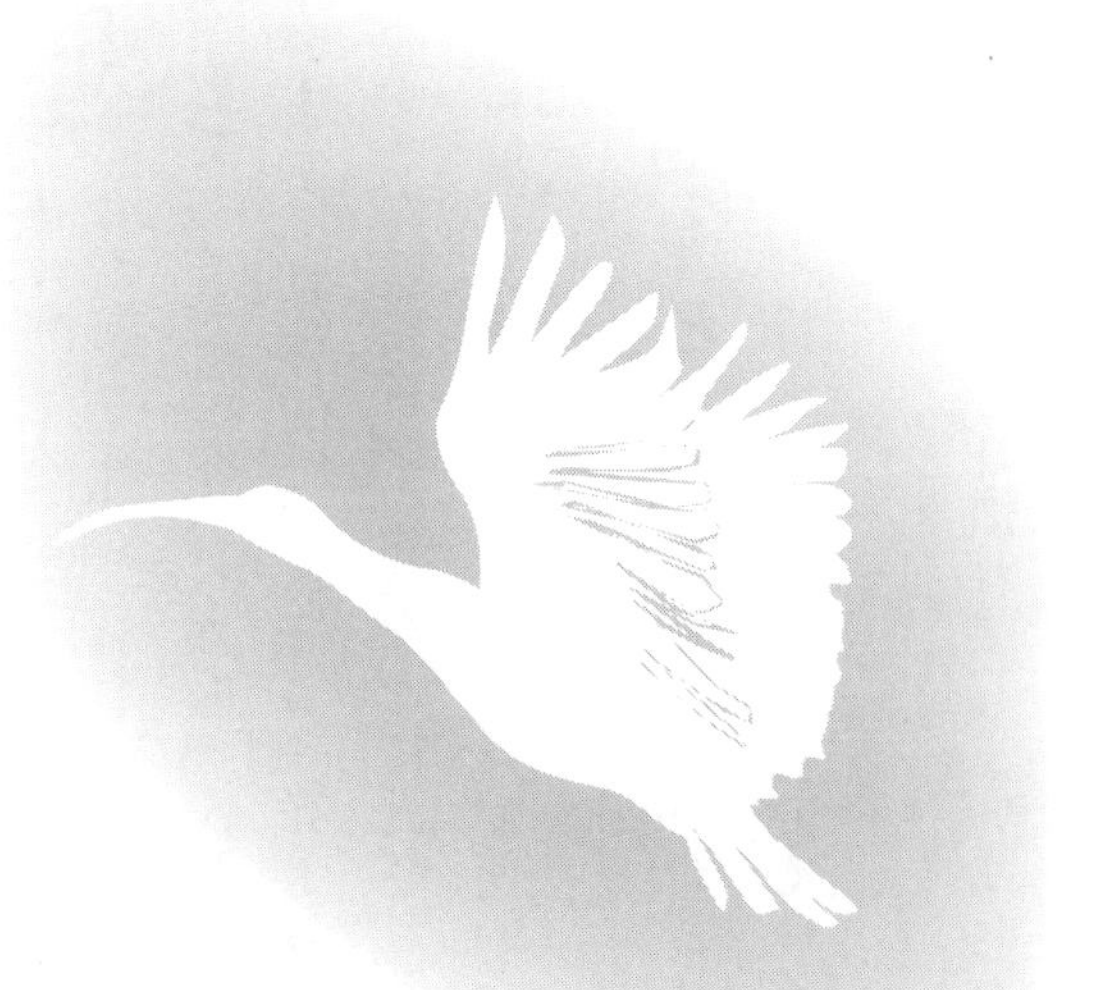

私の考える「命のバトン」とは

私は「命のバトン」というタイトルで講演することがあります。

授かった命を育てられない事情がある方が、育ててくださる方に赤ちゃんの養育を託すことを、私は「命のバトン」とよんでいます。具体的にいえば、「養子縁組制度」や「里親制度」のことで、赤ちゃんやお子さんの養育が養親などに託されることを表現しています。しかし、じつは、私はこの言葉をもっと広い意味で使いたいと思っています。

バトンは、一か所だけで受け渡しをしてもだめです。どんどんつないでいくことが必要です。つまり、社会全体でバトンリレーをして、将来のある命を育てていくこと、それを「命のバトン」と表現しているのです。

最近「独居《どっきょ》老人」という言葉が当たり前のように使われ、耳慣れてしまいましたが、それを聞くたびに祖母の死の光景が思い出されてしかたありません。

私の祖母は、住み慣れた我が家で亡くなりました。家族に見守られ、往診の医師に脈をとられながらの静かな死でした。そこにはドタバタとした延命治療もなく、救急車の音もなく、あるのは家族の納得した静かな泣き声だけだったような気がします。それは、もしかすると、現代社会がいつの間にか失ってしまった、けれども、取り返したいと思っている光景なのかもしれません。

「生まれくる生命」と「亡くなりゆく生命」の間の長い人生のどこを切り取っても、社会支援につながる窓口があること、支援の輪があること、それが実現できる社会が真に成熟した社会といえるのではないでしょうか。私はそんな社会の実現を願っています。

未曾有《みぞう》の災害で家族を失ってしまった方々は、残された一枚の写真を見て、在りし日の時間を思い出し、心を温められていらっしゃるでしょう。家族……本当にかけがえのないものです。

「家に帰って家族を愛してあげてください」

あらためてマザー・テレサの言葉が頭をよぎります。

一対一でふれあう大切さ

あおむけに寝ている赤ちゃんは、時々ニッと笑います。よく見ると目は閉じていて、こちらを見ているわけではありません。

じつはお母さんと離れて寝る赤ちゃんというのは、ちょっとした刺激に反応して、ほほ笑むようにできているといわれています。お母さんもお父さんもこの笑顔を見て、親としての思いやりや、慈しみの心を身につけていくのでしょう。

そんな赤ちゃんに人間らしい心が育つために、特に大事なことは、「幼少期に愛情を受けたという感覚」なのです。

生まれて間もないころに形成される母と子との一対一の絆《きずな》は、「アタッチメント（愛着）」とよばれています。アタッチメントは、生後一年間が特に大切です。

赤ちゃんには「心地よくなりたい」という肉体的欲求と、特定の人に「甘えたい」という情緒的な欲求があります。この欲求が継続的に無視されると、他人の気持ちをくみとる脳の部分が成長せず、愛着障害の症状が出てくるといわれています。

アタッチメントで形成される母と子の関係が、人と人との基本的な信頼関係になり、子どもの自尊心が育つ礎《いしずえ》になるのです。

産科にはお母さんと赤ちゃんの授乳の写真が飾られていることがよくあります。優しいお母さんの眼差しに赤ちゃんの幸せが啓示されているからです。授乳は母と子の両方にとってすばらしい時間なのです。

お母さんは、授乳するときには、じっと視線をはずさずに赤ちゃんを見ています。母親が自分を見ているという気配を感じながら、赤ちゃんの脳は発達していきます。生理学的にいうと、赤ちゃんはおっぱいを飲んでいるあいだ、お母さんに自分を守ってもらえるという安心感から自律神経が正常に作動し、脳の働きが活性化するといわれています。

お母さんの胸で安心して眠る赤ちゃん。

お母さんは授乳により母性ホルモンの分泌がうながされ、産後の身体を回復させてゆきます。授乳の感覚は母性愛を育み、自然と母親らしい感性や所作が身につきます。また出産により膨らんだ体型を戻していくことにもつながっているのです。授乳のひと時は、神様からいただいたかけがえのない時間です。

添い寝はどうでしょうか。添い寝をすると、子どもは自然と身体をくっつけてきます。そして母親のぬくもりや匂いを感じて安心します。母親はそんな子どもを見つめ、「いい子ね、元気で大きくなってね」と話しかけながらウトウトするでしょう。このような時間の積み重ねによって、子どもはしっかり生きてゆくための自我を成長させていきます。

コウノトリはオスとメスとが一緒に巣作りをするそうです。生まれた卵は、オスとメスで交代しながらあたためます。きっと、ヒナになる命は、卵をあたためてくれている親鳥の愛情を感じているのでしょう。

尊い命を大切にしたい

私は現在、おもにふたつの活動に参加させていただいています。そのひとつが「ハッピーゆりかごプロジェクト」の講師です。

私は「こうのとりのゆりかご」がつくられたときから、「こうのとりのゆりかご」のいらない社会になってほしいと願ってきました。ですから、徐々《じょじょ》に預けられる赤ちゃんが減ってきたことにほっとしています（↓80ページ）。しかし一方で、未婚の妊娠や若年妊娠が増えているという現実があります。

現在、産みの親が何らかの事情で自分で育てられない子どもの八割以上は、施設で育っています。そしてそのうちゼロ歳～二歳の乳幼児三千人あまりが乳児院で育っているのです。

「ハッピーゆりかごプロジェクト」は、産みの親が育てることができない場合でも、赤ちゃんが、できるかぎり特別養子縁組によって愛情ある家庭で育つことのできる社会をめざしています。

日本の特別養子縁組の仕組みは、養子縁組を前提として、まず里親登録からスタートしなければなりません。また、養親となるためには民法上の手続きが必要で、これは家庭裁判所の審判にゆだねることになります。養親になれる人は、法律上の夫婦でなくてはなりません。また、年齢制限、六か月以上とされている試験養育期間などハードルが高く、手続き終了までには相当な精神的エネルギーと時間がかかります。また養親に向けて研修していても、途中で状況が変わり認可されないこともありえます。

私たちは、尊い命が、できるかぎりスムーズにあたたかい家庭とご縁を結べるように、プロジェクトをとおして、法律や法制度の改善に向けて、他の組織や団体と連携しながら活動しています。二〇一六年四月には、プロジェクト内に全国妊娠SOSネットワークを立ちあげ、全国に相談窓口をつくるためのガイドブックを作成したり、相談員の研修をおこなったりしています。

もうひとつは、一般社団法人スタディライフ熊本の生涯学習支援事業のひとつである「ハートｔｏハート」の活動です。ここでは妊娠中や産後の悩みを抱えた女性、子育ての悩みを抱えた母親や家族の相談を受けつけています。

程度の差はありますが、妊婦は、妊娠期や出産後数日に、マタニティーブルーといわれる症状に陥りがちです。特に初産の妊婦さんに多く見られます。

妊娠中は、つわりなどの身体の変調、食欲不振、増えていく体重に気持ちが追いつかないなど、気がふさぎがちにもなります。赤ちゃんが誕生する楽しみは大きくても、それだけでは過ごせないつらい生理的な状況があります。そうしたお母さんたちの相談相手になることが、私の役割だと考えています。

また、誕生後は授乳が大きなストレスの要因になることもあります。

「授乳量は大丈夫だろうか?」「赤ちゃんの体重はちゃんと増えているだろうか?」「きちんと飲めているかしら?」など、新米お母さんは授乳に振り回されて睡眠不足になりがちです。訳もなく

幼稚園から高校生の子どもに対して「命」をテーマにした出前援業をおこなっている。

涙が出たり、夫に対して「どうして私ばかりが？」と冷たく当たったり。妊娠による体型の変化を受け入れられなくなることもあります。

私は、そうした不安のあるお母さんに対し、「そんなに立派なお母さんにならなくても大丈夫。誰かに話すことで肩の力を抜いて、それからいっしょに考えましょう」といった気持ちで接しています。

「こうのとりのゆりかご」のいらない社会へ

ラッキーなことに、私はたくさん学ぶチャンスをいただきました。精一杯《せいいっぱい》学び、精一杯努力し、必要としてくださる場で精一杯働いてきました。無理をしすぎて白衣のまま救急車で運ばれたこともあります。これは家族に心配をかけただけで、自慢できることではありませんが、しかし、働くことは、いつのまにか「仕事」をこえて、私の「生き方」になっていました。

病院では、患者さんやそのご家族に少しでも寄り添いたいと思い、病気の快復を願い、退院を共に喜びました。「こうのとりのゆりかご」では、赤ちゃんを預けたお母さんの想いをつなぎたいと願い、託された命の幸福を祈りました。たくさんの「SOS電話」では、電話の向こうの人たちの気持ちをくみとることができるようにと、真剣に耳を傾けてきました。

そして、今思うのです。じつは自分はそうした皆さんに育てられ、生かされてきたのだと。ですから、これからもこの生き方を通しての気づきを、私を必要としてくださる方々にお話し、手を差し伸べさせていただきたいと思っています。

蓮田先生も私も、「こうのとりのゆりかご」のいらない社会を願っています。相談を受けて、女性たちに寄り添い、背中を押し、母親としての生き方を見つけていただくことがいちばん大きな喜びです。

そんな喜びを感じることができたお手紙を、一通ご紹介します。

田尻さん、こんにちは。私は昨年の春、未婚のうちに子どもを授かり、田尻さんに電話で相談に乗っていただいた者です。おかげさまで昨年冬、無事男の子を出産いたしました。あのとき、田尻さんに力強く背中を押していただいたおかげです。本当にありがとうございました。予定日近くからずっとお礼を申し上げたかったのですが、あわただしい日々に流され、遅くなってしまいました。申し訳ありません。

私が慈恵病院に電話をかけたとき、私の出産に賛成してくれる家族は誰もいませんでした。子どもの父親である彼も、実家の両親もみな反対で、なんとかひとりで産めないものかと市の相談窓口にも電話してみましたが、「その状況では産んで育てるのは難しい」といわれてしまいました。せめて子どもの命だけでも助けることはできないかと、「ゆりかご」に預けることを覚悟して電話したところ、「やっていけますよ! 赤ちゃんを守るのはあなたなのよ。まずは彼を説得しなさい」と田尻さんに励まされ、「ああ、大丈夫なんだ。よし産もう。しっかりしなくちゃ」と泣きながら、母になる決意をしたことは、今も忘れられません。あれから何度も彼や家族と話し合い、少し強引に認めてもらい、籍を入れ、里帰りでの出産もさせてもらいました。子どもが生まれてからは、みんなすっかり赤ちゃんに夢中です。

私は幸運なケースで、そううまくいかない例もあるのかもしれないけれど、それでも、産まずに抱える苦しみより、産んで抱える苦労の方がはるかに良いのではと思うのです。

これからも慈恵病院、田尻さんの取り組みを心より応援させていただきます。お体に気をつけてお過ごしください。本当にありがとうございました。


このようなお便りが、私の元気の源です。

望まない、もしくは望まれない妊娠に悩む女性を責めることはできません。みんな切羽つまっているのです。妊娠の段階から相談にのることで、子どもの遺棄や虐待死をふせぐ可能性は高まります。また、そうすることで、母親たちも深い心の傷を負わずに、その後の人生をやりなおすこともできるはずです。

家族とはなにか、命とはなにか。この本を読まれたみなさんには、「命のバトン」について、ぜひ考えていただきたいと願っています。

あとがきにかえて――現在の思い

「こうのとりのゆりかご」の開設から約五年が経った二〇一二年春、九州において立て続けに二件の新生児遺棄事件がありました。そのニュースを知ったとき、私は、なぜ「こうのとりのゆりかご」に連れて来てくれなかったのかと無力さを感じたことを、今もはっきり覚えています。

虐待相談対応件数は、すでに年間八万件を超え、増加に歯止めがかかりません（↓85ページ）。今は、以前にもまして生命軽視の社会になっているのではないでしょうか。統計上の数字で見る限り、そういわざるを得ない気がします。私は、このことから危機感をいっそう強くしています。

このようになった背景には、社会の育児支援の貧困さはもとより、核家族化、家族の絆の希薄さなど、さまざまな問題があると思います。本来子どもたちは、遊びからたくさんのことを学び、運動能力も養います。その子どもたちから仲間あそびが消え、コミュニケーションのとれない子どもたちが親になってしまっています。家庭のなかでも地域のなかでも子育て法が伝承される場が減り、誰にも相談できないという現実があります。

このような状況のなか、私のできることは、ほとんどないかもしれません。しかし今回、私は、本を書かせていただくチャンスをいただきました。一人でも多くの方に、現実をお伝えすることができるようになりました。本を読んでくださった一人ひとりに、それぞれができることを考えていただき、ご自分たちの周りから、ほんのささいなことでも、やりはじめていただければと願っています。

じつは今、とても楽しみにしていることがあります。第四章で紹介させていただいた、口唇口蓋裂で誕生されたお子さんとご家族にお会いする予定があるのです。すでに二人目のお子さんも誕生されていて、とてもお幸せに暮らしておられます。

今度は、私がエネルギーをいただく番です。辛い時間をご家族で乗り越えられた

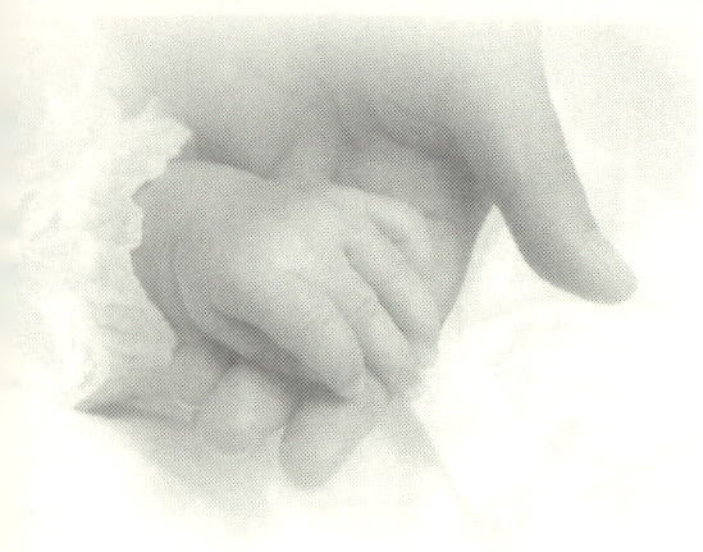

ことに、私からも「ありがとう」と伝えたい気持ちです。

相変わらずの忙しいなか、執筆のお話をいただいてから少し時間が経ってしまいましたが、やっとここまで漕《こ》ぎつけました。私を今日まで育ててくださった恩師の方々、今も一緒に活動してくださっている友人・仲間のみなさま、辛抱強く支えてくれた家族、そして私の執筆を応援し、力を貸してくださったみなさまに心から感謝をお伝えし、この本が少しでもお役に立つことを願って筆をおきたいと思います。

この本を読んでくださったみなさん、本当にありがとうございました。

平成二十八年七月吉日

田尻由貴子

資料編

用語・キーワード解説（五十音順／↓は、用語・キーワードが出ている本文のページ数）

・愛着障害（↓136ページ）

乳幼児期に保護者と愛情を育むことができないことで引き起こされる障害の総称。虐待やネグレクト（育児放棄）などが原因となる。愛着障害を示す子どもは、自尊心や他者への思いやり、責任感が欠如していることが多く、知らない人にも過剰になれなれしく接してしまうなどの傾向が見られる。特定の人から愛情を注がれ、適切な環境で継続的に育てられることで、大幅に改善されるといわれる。

・NPO（↓116ページ）

英語の「Non-Profit Organization」の頭文字をとった名称で、「非営利組織」と訳される。経済的利益のためではなく、社会貢献のために活動する民間組織のことをいう。福祉、教育、文化、芸術、医療、まちづくり、環境、国際協力、人権、平和などさまざまな分野での活躍が期待されている。

・**介護保険制度**（↓**39**、**43**ページ）

介護が必要な被保険者（保険料を払っている人）に保健・医療・福祉サービスを提供することで、介護が必要な人やその家族を社会全体で支えていく制度。二〇〇〇年に施行された介護保険法に基づく。制度を利用する場合、市町村に申請して「要介護（または要支援）認定」を受ける。四十歳以上の人が支払う「介護保険料」と税金によって運営されている。

・**カウンセリング**（↓**64**、**102**ページ）

さまざまな悩みや不安などを抱え、その解決を求めようとする人に対して、専門的な視点から心理的な援助をおこなう行為。職業としてカウンセリングをおこなう人を「カウンセラー」、カウンセリングを受ける人を「クライエント」と呼ぶ。

・**看護師**（↓**5**、**25**、**26**、**27**、**36**、**90**ページ）

けが人や病人の看護や、療養上の世話、診療の補助をおこなう専門職。看護専門学校大学を卒業したのち、看護師国家試験に合格し免許を得る必要がある。准看護師（↓159ページ）と区別して「正看護師」ということもある。二〇〇二年に施行された「保健婦助産婦看護婦法の一部を改正する法律」により、それまで使用されていた「看護婦（女性）」「看護士（男性）」という名称は、男女の区別のない「看護師」へ変更された。

・ケアプラン（↓**43ページ**）

介護保険制度（↓150ページ）で要介護認定を受けた場合に作成される介護計画。多くの場合、本人の希望や支援の必要性、利用限度額や回数に基づいて、本人や家族がケアマネジャーと相談した上で作成される。

・ケアマネジャー（↓**43ページ**）

要介護認定を受けた人が適切なサービスを受け、自立した日常生活を送れるように、ケアプランを作成したり、自治体や事業者、施設とのあいだの調整をおこなったりする専門職。介護保険法上では「介護支援専門員」という。資格を得るには、介護の現場で経験を積んだあと、試験に合格し、実務研修を修了する必要がある。

・**ケーススタディ**（↓41ページ）
実際に起きた具体的な事例について、それを詳しく調べ、分析することで、その背後にある原理や法則性などを見出し、一般的な傾向を発見したり、解決策を考えたりする方法。

・**厚生労働省**（↓39、85、108ページ）
略称は厚労省。国民生活の保障・向上と経済の発展を目標に掲げ、社会福祉、社会保障、公衆衛生の向上・増進や、働く環境の整備、職業の安定・人材の育成などをおこなう日本の行政機関のひとつ。

・**戸籍《こせき》**（↓107、128ページ）
人の出生から死亡に至るまでの親族関係を登録公証するもの。各人の氏名・生年月日、親族としての関係（夫婦、親子、兄弟姉妹など）などが戸籍法に基づき記載される。

・**里親／里親制度**（↓53、71、72、74、83、127、128、129、134、140ページ）
家庭での養育が困難であったり、養育を受けられなくなったりした子どもに、愛情と正しい理解をもった家庭環境での養育を提供するための制度。厚生労働省によると、二〇一三年末

現在、里親登録数は九四四一、委託児童数は四六三六。

▼里親の種類

里親には四つの種類がある。

養育里親…要保護児童（↓171ページ）を預かって養育する。基本的には、実親のもとで暮らすことができるようになるまでの委託だが、成人になるまで続ける場合もある。

専門里親…虐待を受けた児童や非行などの問題のある児童など、専門的なケアを必要とする児童を預かって養育する。委託期間は二年間とされているが、延長する場合もある。

養子縁組を前提とした里親…保護者のない場合や、家庭での養育が困難で実親が育てる意志がない場合に、養子縁組（↓170ページ）を前提として養育する。

親族里親…保護者が死亡、行方不明などで養育できない場合、子どもの祖父母、叔父、叔母など三親等以内の親族が里親として養育する。

▼**里親になるまでの流れ**

①相談………里親制度について説明を受け、家族の同意の上で申し込む。

②調査・研修…児童相談所の職員が家庭を訪問し、調査する。
　　　　　　里親制度などに関する研修を受講する。

③審査・登録…児童福祉審議会などで審議を経て里親として認定される。

④更新………養育里親は五年、専門里親は二年ごとに更新研修を受講する。

・**産婦人科**（↓28、39ページ）

女性に特有の病気、および妊娠・分娩を扱う病院の診療科。

・**児童虐待**（↓10、49、84、85、86、117、119、124ページ）

保護者などが子どもの身体や心を傷つけること。児童虐待の防止等に関する法律では、虐待に気づいた人は児童相談所や市区町村に通告しなければならないと定めている。

・児童相談所（→56、79、81、82、83、117、120、123、127、128ページ）

保護者や学校からの相談に応じ、子どもや家庭について調査や判定をおこない、市町村と役割分担・連携をしながら、必要な援助や助言、措置をする行政機関。子どもの福祉を図ること、子どもの権利を守ることを目的とする。二〇一五年四月一日現在、その数は二〇八か所。

▼役割

児童相談所の機能は大きく四つに分けられる。

市町村援助機能…市町村に寄せられた相談への対応について、市町村間の連絡・調整や、市町村への情報提供などをおこなう。

相談機能…………寄せられた相談について、子どもとその相談の状況を理解し、どのような援助が必要であるかの判断をするために、専門的な面から調査・判定し、援助をおこなう。

一時保護機能……必要に応じて、子どもを家庭からはなして一時的に保護する。

措置機能…………子どもや保護者を児童福祉司などに指導させる。また、子どもを児童福祉施設に入所させたり、里親に委託したりする。

▼相談内容

二〇一三年度において、全国の児童相談所における相談内容は、「障害相談」がもっとも多く、半数近くを占める。次に児童虐待をふくむ「養護相談」が多く、割合、件数ともに年々増加している。児童虐待が社会問題化してきたことに対応し、二〇〇八年に児童虐待防止法が改正され、虐待の疑いがある家庭には、児童相談所が強制立ち入り調査できるようになった。

・児童福祉司（↓120、128ページ）

子どもや妊娠している女性、産後の女性の相談に応じ、必要な調査などをおこない、子どもや家族を指導・援助する児童相談所の職員。大学などで心理学や教育学、社会学を修めたのちに、児童福祉の業務を一年以上おこなった人などが資格を得られる。地方公務員試験に合格し、児童相談所に配属されることで児童福祉司となる。

・児童福祉法（↓122ページ）

児童の福祉を保障するために定められた法律。児童保護のための禁止行為や児童福祉司、児童相談所、児童福祉施設などの諸制度について定めている。一九四七年に制定され、一九九七年、「子どもの権利条約」（一九八九年に国連総会で採択された、子どもの基本的人権を国際的に保障するために定められた条約）を日本が批准《ひじゅん》したことにあわせて大幅に改正された。

▼**総則**

児童福祉法の第一条、第二条には、以下のことが明記されている。

・すべて国民は、児童が心身ともに健《すこ》やかに生まれ、且《か》つ、育成されるよう努めなければならない。

・すべて児童は、ひとしくその生活を保障され、愛護されなければならない。

・国及び地方公共団体は、児童の保護者とともに、児童を心身ともに健やかに育成する責任を負う。

▼**「児童」の定義**

児童福祉法では、「児童」を十八歳に満たない者と定め、児童相談所などでもこの定義が用いられている。

・**児童養護施設**（↓49、51、52、53、123、124、129、130、132ページ）

保護者のいない児童や虐待されている児童など、保護を必要とする児童を入所させ養育する児童福祉施設。児童養護施設で生活できるのは原則として十八歳までで、高校を卒業すると退所する必要がある。退所した人に対する相談や、自立のための援助もおこなう。

・**社会福祉士**（↓43ページ）

身体や精神の障害、または環境上の理由で日常生活に支障がある人の福祉に関する相談に応じ、専門的知識・技術をもって、助言、指導、利用する福祉サービスの調整など、さまざまな援助をおこなう専門職。国家試験に合格することで資格を得ることができる。「ソーシャルワーカー」ともいう。

・**出生証明書**（↓107ページ）

子どもが生まれたことを証明する書類。医師や助産師などの出産立会者が作成する。戸籍法では、子どもの出生届を市区町村役場に提出する際、出生証明書を添付することが義務づけられている。

・出生前診断（→73ページ）

妊娠中に、胎児に障害や病気がないかを調べること。胎児に障害や病気がある可能性がわかると中絶する親もいることから、「命の選択」につながるという批判もある。医師や専門家が、検査の精度や障害・病気についての十分な説明をおこない、親の理解を深めたうえで実施することが求められている。

・准看護師（→22、26ページ）

医師や看護師の指示のもとに、患者の看護や療養上の世話、診療の補助などをする専門職。准看護師学校を卒業したのち、都道府県の試験に合格することで認定される。

・障害（→65、73、98、99、100、101、103、105、120、129ページ）

心や身体の機能が十分に働かず、活動に制限があること。いくつかの種類に分けられる。

身体障害…身体の機能の一部に不自由があり、日常の生活に制約がある状態。視覚障害・聴覚障害・言語障害・肢体不自由・内臓機能などの疾患による内部障害などがある。

知的障害…知能の発達に遅れがあり、社会的な適応が困難な状態。

精神障害…脳や心の機能などによって起きる精神疾患により、日常生活に制約がある状態。統合失調症・躁《そう》うつ病・うつ病・パニック障害などがある。

発達障害…子どもの発達途上で、脳の機能の一部が成熟せずにとどまっている状態。学習障害・注意欠陥多動性障害・自閉症・アスペルガー症候群などがある。

・生涯学習（→42ページ）

学校での勉強だけでなく、家庭での教育や文化活動、スポーツ、ボランティア、趣味など、さまざまな機会を通して、一生涯にわたっておこなわれる学習。人はそれぞれの意志に基づき、生涯を通じて学習することができるという考え方に基づいている。

・奨学金《しょうがくきん》（→25、28、130、131ページ）

学生に対し、研究や修学を援助するために貸与または給付されるお金。大きく分けて、低金利でお金を借りることができる「貸付型」と、返済不要のお金を受けとることができる「給付型」がある。自治体や大学、民間団体などが奨学金制度を設け、それぞれの基準で奨学金を利用する学生を選ぶ。奨学金制度を利用することで、学生が金銭的な事情から進学や通学を断念せずに済むという利点がある。

・少子高齢化（↓42ページ）

出生率が低下する一方、平均寿命が延びることで、人口に占める子どもの割合が減り、高齢者の割合が増えること。将来的に労働力人口が減り、社会保障を必要とする高齢者が増えることで、年金・医療・介護などの負担が大きくなるなど、さまざまな問題点が指摘されている。少子化が進んでいる原因には、多様な生き方が認められるようになり、結婚や出産にこだわらない人が増えたことや、貧困家庭の増加や保育園の不足など、子どもを産むことに希望をもちにくい状況があることなどが指摘されている。

▼**日本の人口の年齢別割合**

人口に占める高齢者（六十五歳以上）の割合を高齢化率という。総務省によると、日本の高齢化率は二〇一五年の時点で二六・四％で、四人にひとりを上回り、高齢化が非常に進んだ状態となっている。それに対して子ども（十五歳未満人口）の割合は、二〇一五年時点で一二・七％で、過去最低となった。

▼合計特殊《とくしゅ》出生率

ひとりの女性が生涯に何人の子どもを産むかをあらわす数値。厚生労働省によると、二〇一四年の合計特殊出生率は一・四二で、過去最低を記録した二〇〇五年の一・二六よりは改善しているが、依然として低い状態が続いている。人口を維持できる水準は二・〇七程度といわれている。

▼平均寿命と健康寿命

「平均寿命」はゼロ歳の子どもがあと平均何年生きられるかを示した数。厚生労働省によると、二〇一四年の日本人の平均寿命は男性八〇・五〇歳、女性八六・八三歳で、過去最高を記録した。がんや心臓病、肺炎、脳卒中などによる死亡率が改善したことが要因といわれている。日本人の平均寿命は、戦後ほぼ一貫して延びている。

また、健康に日常生活を送ることのできる期間を「健康寿命」といい、二〇一三年は男性七一・一九歳、女性七四・二一歳だった。近年、健康寿命を延ばすために、介護が必要な状態になることを防ぐ「介護予防」の取り組みが注目されている。

・**助産師（↓5、25、26、27、29、31、32、33、90ページ）**

分娩を助け、妊娠中の女性や出産後の女性、新生児の世話や保健指導をおこなう専門職。看護師国家試験に合格したのち、助産師養成校で学び、助産師国家試験に合格する必要がある。

・**自律神経（↓137ページ）**

内臓や血管などの機能を自動的に調節する神経系。意志とは無関係に働く。交感神経と副交感神経からなる。

・**新生児（↓70ページ）**

生後四週間までの子ども。子宮のなかでの母体との共生生活から、自分の肺で呼吸をするなど、子宮の外での独立生活への環境の変化に急速に適応していく時期。

・**スクーリング（↓42ページ）**

通信教育を受けている学生が、教師や学友と直接対面して学習する機会をもつために、短期間、学校などに通学して授業を受けること。

・**切迫早産**《せっぱくそうざん》（↓**95ページ**）

早産（通常の分娩時期よりも早く、妊娠二十二週から三十七週未満で出産すること）がせまっている状態のこと。

・**総合病院**（↓**39、127ページ**）

ベッド数が百以上あり、内科、外科、産婦人科など、複数の診療科をもつ病院のことを一般的にこう呼ぶ。救急医療や大規模な手術などがおこなわれることも多い。大学病院や国公立の病院など地域の内外から患者が集まる「大規模病院」、地域医療の中核を担う「中核病院」、さらに地域のきめこまやかな医療ニーズに応じる「地域密着型病院」がある。

・**総師長**（↓**36、38、39、41、43ページ**）

病院内の看護師全体を束ねる役割の人。以前は総婦長といった。

・**胎盤**（↓**107ページ**）

妊娠すると母体の子宮の内壁にできる円盤状の器官。臍帯《さいたい》（へその緒《お》）によって赤ちゃんとつながり、赤ちゃんに酸素や栄養を送り、老廃物や二酸化炭素を母体に送りかえすなどの役割をになう。出産後、胎盤は子宮からはがれて排出される。

・中絶（↓58ページ）

妊娠中に、人為的に流産や早産をさせること。母体保護法によって、妊娠や分娩が、身体的または経済上の理由により母体の健康を著しく害する場合、レイプ被害などによる妊娠の場合にのみ認められている。

・定時制（↓92ページ）

夜間など特定の時間、時期に授業をおこなう学校教育の課程。対して、平日の昼間に授業をおこなう課程を「全日制」という。

・ドイツ連邦共和国基本法（↓66ページ）

一九四九年に制定されたドイツの憲法。もともとは冷戦下の西ドイツにおける暫定憲法だったが、一九九〇年に東西ドイツが統一されてからもその骨格が引き継がれた。国民主権、三権分立を原則に置く。

・**独居老人**《どっきょ》 **（→134ページ）**

ひとりで日常生活を送る高齢者のこと。内閣府によると、二〇一〇年、六十五歳以上の高齢者でひとり暮らしをしている人は、男性約一三九万人、女性約三四一万人で、高齢者人口に占める割合は男性一一・一％、女性二〇・三％となっている。

・**乳児院** **（→46、51、52、56、81、83、123、124、129、139ページ）**

保護者の死亡、病気や家族からの虐待などの理由で家庭で育てることが困難になった一歳未満の子どもたちが入所する児童福祉施設。必要に応じて二歳まで入所することができる。子どもを保護者のもとから通わせて一定時間保育する保育所と異なり、子どもにとって家庭に代わる日常生活の場となる。

・**妊娠葛藤相談所（ドイツ）** **（→65ページ）**

ドイツにおける、妊娠に関する悩みや相談を聞き、胎児の生命の保護につなげることを目的とした機関。ドイツでは中絶は原則的に禁止されているが、一定の条件を満たす場合には認められ、その条件のひとつに「中絶の三日前までに妊娠葛藤相談所の助言を受けている」ことがある。

・ハンセン病（↓45ページ）

らい菌に感染することで、進行すると手足の変形などが引き起こされる病気。以前は治療薬がなかったことなどから、隔離《かくり》政策がとられ、患者やその家族は長いあいだ偏見や差別を受けつづけてきた。らい菌は発病させる力が弱く、多くの場合、体のもつ免疫力《めんえきりょく》によって体から排除されるため、現在の日本のように衛生的な社会では、発病する可能性はほとんどない。

・貧困（↓90ページ）

低所得のため教育、食料、医療、水、住居、エネルギーなど、生きていくために基本となるものやサービスを手に入れることができない状態。

▼貧困率

国民ひとりひとりの所得を多い順に並べたときに、中央値の半分（二〇一四年は百十二万円）より低い層が何％いるかを示した数字を貧困率という。日本の子どもの貧困率は一九九〇年代半ばから上昇傾向にある。二〇一二年には一六・三％となり、子どもの六人にひとりが貧困状態にあるといわれている。特にひとり親世帯の子どもの貧困率は五四・六％となっており、社会的な支援が求められている。日本の子どもの貧困率は国際的に見ても高く、〇

ECD加盟国三十四か国中十番目となっている（二〇一〇年）。

・法務局（↓107ページ）

法務省の地方支部局のひとつ。民事・行政訴訟、戸籍などの民事行政、人権擁護に関する事務をおこなう。

・訪問看護（↓43ページ）

自宅で療養する患者を訪問しておこなう看護活動。住み慣れた地域や家庭で、その人らしく生活が送れるよう、主治医の指示に基づき、医療処置や療養上の世話をおこなう。こうしたサービスを提供する機関を訪問看護ステーションという。

・保健師（↓5、25、26、27、33、34、35、36、39、90ページ）

保健所や学校、企業などで保健指導をおこなう専門職。面談や家庭訪問、講習などを通じて地域の人の健康を守る活動をする。保健師国家試験に合格し免許を得る必要がある。

・マザー・テレサ（↓58、67、135ページ）

一九一〇〜一九九七年。旧ユーゴスラビア（現マケドニア）出身のカトリックの修道女。本名はアグネス・ゴンジャ・ボアジュ。「マザー」は指導的な修道女の敬称で、「テレサ」は修道名。十八歳で修道女会に入り、一九二九年インドに渡り、コルカタで教師を務める。彼女のユーモラスな授業は女子学生のあいだで大人気だったといわれている。

一九四六年、神の啓示を受け、「もっとも貧しい人たちのために一生を捧げる」ことを決意。

一九四八年にはインド国籍を取得し、修道会を離れひとりで貧民街での活動を始める。

一九五〇年「神の愛の宣教者会」女子修道会を創立。以来「マザー・テレサ」とよばれる。「死を待つ人の家」や「孤児の家」などの施設をインド各地で展開した。

一九七九年、ノーベル平和賞を受賞。授賞式には、修道服にサンダルという普段と変わらない素朴《そぼく》な身なりで出席した。その後のインタビューでは「私のための晩餐会《ばんさんかい》は不要です。どうか、その費用を貧しい人たちのためにお使いください」と発言。また、「世界平和のために、私たちはどんなことをしたらいいのですか？」と質問されると、「家に帰って家族を愛してあげてください」と答えた。

一九八一年、初来日。日本人の心の貧しさについて指摘した。

一九九七年、心臓発作のため、コルカタでその生涯を閉じた。

・養子縁組（↓53、65、93、101、103、104、127、128、129、140ページ）
親子の血縁のない者のあいだに、親子と同じ法律関係を成立させること。親権が実親《じつおや》（産みの親）に残る「普通養子縁組」と、親権が養親《ようしん》（育ての親）に移る「特別養子縁組」の二種類がある。養子縁組をして子どもを迎えたいと思った場合、児童相談所か、民間の養子縁組団体のどちらかに相談することになる。

▼特別養子縁組（↓73、74、83、93、97、103、126、140）
なんらかの事情で実親のもとで暮らすことができない子どもに、永続的な家庭を提供するための制度。戸籍（↓152ページ）には実の子どもとして記載される。特別養子縁組をおこなうためには、養子の年齢が原則として六歳未満であること、養親となる夫婦のひとりが二十五歳以上、もうひとりも二十歳以上であることなど、いくつかの条件がある。六か月以上の試験養育期間ののち、家庭裁判所に申し立てをおこない、審判を受けて成立する。

・要保護児童（→83ページ）

児童福祉法に基づいて、保護が必要だと認められた児童。保護者がいない児童や、虐待や本人の非行などにより保護者に育てさせることが不適当だと認められる児童などが、要保護児童に認定される。

さくいん

あ行

愛着障害……136、149
アタッチメント……136、137
一般社団法人スタディライフ熊本……6、140
SOS赤ちゃんとお母さんの相談窓口（SOS電話）……88、89、90、99、106、107、108、115、118、119、120、143
NPO……116、149

か行

介護保険制度……39、43、150
カウンセリング……64、102、150
看護婦（看護師）……5、36、90、150
菊水町立病院……36、39、40、43、44、49
虐待（児童虐待）……10、49、84、85、86、117、119、124、154
ケアプラン……43、151
ケアマネジャー……43、151
ケアワーカー……49
ケーススタディ……41、152
健康管理センター……33
厚生労働省……39、85、108、152
戸籍……107、128、152

さ行

里親……53、71、72、74、83、127、128、129、140、152
里親制度……83、127、134、152
産婦人科……28、39、154
J・M・コール……22、45
シオン園……49、50、51、52、53、54
シスター……24、29、30、33、46
児童憲章……122、129
児童相談所……56、79、81、82、83、117、120、123、127、128、155
児童福祉司……120、128、156
児童福祉法……122、156
児童養護施設……49、51、52、53、123、124、129、130、132、158
社会的入院……40
社会福祉士……43、158
出生証明書……107、158
出生前診断……73、159
シュテルニ・パルク保育園……58、65
准看護婦（准看護師）……22、26、159
障害……65、73、98、99、100、101、103、105、120、129、159
生涯学習……42、160
奨学金……25、28、130、131、160
少子高齢化……42、161

助産婦（助産師）……5、25、26、27、29、31、32、33、90、163
自律神経……137、163
新生児……70、163
スクーリング……42、163
正看護婦……25、26、27
生命尊重センター……47、57、58
切迫早産……95、163
総合病院……39、127、164
総婦長（総師長）……36、38、39、41、43、164

た行

胎盤……107、164
待労院……46
中絶……58、165
定時制……92、165
手取《てとり》教会……45
ドイツ連邦共和国基本法……66、165
特別養子縁組……73、74、83、93、97、103、126、140、170
独居《どっきょ》老人……134、166

な行

乳児院……46、51、52、56、81、83、123、124、129、139、166
妊娠葛藤相談所……65、166

は行

ハートtoハート……6、140
蓮田《はすだ》善明《ぜんめい》……27
ハッピーゆりかごプロジェクト……8、139
ハンセン病……45、167
貧困……90、167
佛教《ぶっきょう》大学……42、51
フランシスコ修道会……22、45、46
ベビークラッペ……57、58、60、62、63、64、65、66、67、80
法務局……107、168
訪問看護……43、168
訪問看護婦……41
保健婦（保健師）……5、25、26、27、33、34、35、36、39、90、168

ま行

マザー・テレサ……58、67、135、169

や行

養子縁組……53、65、93、101、103、104、127、128、129、140、170
要保護児童……83、171

編集後記

この本の編集作業が佳境となっていた二〇一六年四月二十五日、「こうのとりのゆりかご」の関西版をつくる動きが実行委員会形式で進んでいるという内容の記事が新聞に載りました。

実行委員会で代表を務めるのは、京都大学の人見滋樹名誉教授です。

以前から慈恵病院の蓮田太二理事長と情報交換を続けていたという人見教授は、「関西圏からも熊本にある『こうのとりのゆりかご』に赤ちゃんを預けに行く母親が多く、慈恵病院の『SOS相談』に相談する妊婦も増えていると聞く。関西でも対応すべきだ」と考え、地元の子育て関係者・医療関係者と議論を重ねてきたということが新聞に記されていました。実行委員会には、関西在住の医師や弁護士、教師などが加わっていることや、「関西にも、望まない妊娠に困っている人は数多くいる。赤ちゃんが殺害されたり遺棄されたりする事件があとを絶たない」ということも。

関西版の「こうのとりのゆりかご」については、現在のところ、どの病院に設置するかなど、くわしいことはまだ決まっていませんが、二年後の二〇一八年までの設置をめざしているそうです。また、ゆりかごの設置と同時に、電話やメール、面談による二十四時間体制の妊娠相談窓口を設け、あわせて、事前の受診がない飛び込み出産を担当する「連携病院」も設ける予定だと、同記事は伝えています。

この記事は、本書を編集してきたものにとって、大きな驚きと同時に、うれしいことでもありました。なぜなら、本書の著者の田尻さんが望んできた動きが現実になってきたことが、世間に伝わったからです。そこで、新聞社に許可をいただき、この本の最後で記事を紹介させていただきます。

二〇一六年現在、「こうのとりのゆりかご」が設置されているのは、熊本県の慈恵病院一か所のみ。今後、第二、第三のゆりかごができることを願いながら、編集後記とさせていただきます。

こどもくらぶ

望まぬ妊娠…虐待・遺棄 後絶たず
各地にあれば 救える命は多い
赤ちゃんポスト 関西版構想
「こうのとり」はばたく輪
本家・熊本の病院 遠方からも相談急増

関西版「こうのとりのゆりかご」を紹介する新聞記事（東京新聞）。

《著者紹介》

田尻由貴子（たじり・ゆきこ）

1950年、熊本県生まれ。国立指宿高等看護学校で看護師免許、熊本県立公衆衛生看護学院で助産師・保健師免許取得。
佛教大学社会福祉学科卒業。熊本県立大学大学院修了。熊本県菊水町保健師、町立病院総婦長を経て、慈恵病院看護部長、相談役。2007年に設置された「こうのとりのゆりかご」の運営の中心的役割を果たす。全国妊娠SOSネットワーク理事、ハッピーゆりかごプロジェクト講師。2015年スタディライフ熊本（生涯学習支援事務所）特別顧問。
2009年、第1回ひまわり褒章受賞、厚生労働大臣表彰。

編集：こどもくらぶ
制作：エヌ・アンド・エス企画

写真・画像協力：共同通信社／ユニフォトプレス、国立ハンセン病資料館、生命尊重センター、世田谷区子ども・若者部若者支援担当課、和水町、宮若市

シリーズ・福祉と医療の現場から①
はい。赤ちゃん相談室、田尻です。
——こうのとりのゆりかご・24時間SOS赤ちゃん電話相談室の現場——

2016年 9 月10日　初版第1刷発行　〈検印省略〉
2016年10月30日　初版第2刷発行

定価はカバーに
表示しています

著　者　田 尻 由貴子
発行者　杉 田 啓 三
印刷者　和 田 和 二

発行所　株式会社　ミネルヴァ書房
607-8494　京都市山科区日ノ岡堤谷町1
電話代表　(075)581-5191
振替口座　01020-0-8076

　平河工業社

ISBN978-4-623-07812-7
Printed in Japan